U0492467

处世哲学
体验哲学浅说

杜亚泉 译述

李石岑 著

民国青年教育丛书

图书在版编目（CIP）数据

处世哲学/杜亚泉译述. 体验哲学浅说/李石岑著. —北京：知识产权出版社，2018.3
ISBN 978-7-5130-5456-0

Ⅰ.①处…②体… Ⅱ.①杜…②李… Ⅲ.①人生哲学②克尔凯郭尔（Kierkegaard，Soeren 1813—1855）—哲学思想—研究 Ⅳ.①B821②B534

中国版本图书馆CIP数据核字（2018）第042224号

责任编辑：王颖超　褚宏霞　　　　　　责任校对：潘凤越
封面设计：张　冀　　　　　　　　　　责任出版：刘译文

处世哲学·体验哲学浅说
杜亚泉　译述·李石岑　著

出版发行：知识产权出版社有限责任公司	网　址：http://www.ipph.cn
社　址：北京市海淀区气象路50号院	邮　编：100081
责编电话：010-82000860转8655	责编邮箱：wangyingchao@cnipr.com
发行电话：010-82000860转8101/8102	发行传真：010-82000893/82005070/82000270
印　刷：三河市国英印务有限公司	经　销：各大网上书店、新华书店及相关专业书店
开　本：720mm×960mm 1/16	印　张：8.25
版　次：2018年3月第1版	印　次：2018年3月第1次印刷
字　数：92千字	定　价：39.00元
ISBN 978-7-5130-5456-0	

出版权专有　侵权必究
如有印装质量问题，本社负责调换。

再版前言

民国时期是我国近现代历史上非常独特的一段历史时期，这段时期的一个重要特点是：一方面，旧的各种事物在逐渐崩塌，而新的各种事物正在悄然生长；另一方面，旧的各种事物还有其顽固的生命力，而新的各种事物在不断适应中国的土壤中艰难生长。简单地说，新旧杂陈，中西冲撞，名家云集，新秀辈出，这是当时的中国社会在思想、文化和学术等各方面的一个最为显著的特点。在这样的时代和社会背景下，对新式青年的培育成为当时思想界、文化界和教育界进步人士着重关注的一个焦点问题。引导青年人从中国传统的封建文化的弊病中解放出来，科学地审视和继承传统文化中的有益的成分，同时科学地借鉴和接受新鲜、进步的西方社会思想成为当时重要且普遍的社会现象和社会思潮。

本社此次选择了一些民国时期曾经出版过的、有关青年教育的图书，整理成为一套《民国青年教育丛书》出版，以飨读者。这套丛书涉及青年人的读书、工作和生活，部分图书侧重于理论上的引导，另有部分图书则侧重于以生活实例来宣扬符合时代和历史进步发展方向的人生观、价值观，引导青年人走上积极向上、努力进取的人生道路。这套丛书选择的图书大多以平实的语言蕴含丰富而深刻的人生哲理，读来令人回味无穷，既可供大众读者消闲阅读，也可供有专门兴趣的读者拓展阅读。这套丛书不仅对民国时期的青年读者具有积极的教育意义,其中的许多观点和道理,即使在当今社会也没有过时,仍具有重要的参考价值,因此也非常适合今天的大众读者阅读和参考。

本社此次对这套丛书的整理再版,基本保持了原书的民国风貌,只是将原来繁体竖排转化为简体横排的形式,对原书中存在的语言文字或知识性错误,以"编者注"的形式加以校订,以便于今天的读者阅读。希望各位读者在阅读本丛书之后,一方面能够对民国时期的思想文化有一个更加深刻的了解,另一方面也能够为自己的书橱增添一种用于了解各个学科知识的不可或缺的日常读物。

目录

处世哲学	/001
一、人格论	/007
二、财产论	/010
三、名誉论	/013
四、年龄论	/023
附录　谦谟康德明我论	/037

体验哲学浅说	/047
一、绪　言	/051
二、基尔克哥德小传	/055
三、基尔克哥德思想之发展及流派	/061
四、基尔克哥德的认识论	/066
五、基尔克哥德的心理学	/073
六、基尔克哥德的伦理学	/081
七、结　论	/117
附　基尔克哥德研究参考书目	/121

处世哲学

杜亚泉　译述

处世哲学者，德国哲学家镳喷哈欧[1]（Authur Schopenhauer）氏所著，日本杉安文学士所译述者也。镳氏生于1788年，殁于1860年；幼习商业，继入大学医科，后讲哲学，研究柏拉图（Plato）、康德（Kant）之学说，并探核印度哲学，大有所得；曾得学位，为柏林大学讲师。其阐扬之宇宙意思论，在哲学史上特标一帜。平生著述甚富，是书为其晚年所著，参酌东西洋哲学之思想，以观察人生，其言通俗而易于实践，且富于修辞，故世人爱读之。或评其为厌世主义，近于佛教之小乘，殆然。但论其实际，决非以灰身灭智为主义，不无与大乘融洽之处。予读其书，觉名言警论，络绎不绝；每当懊丧丛脞之余，展卷就之，忽聆亲切之言，喁喁焉慰藉吾心；忽闻危悚之词，侃侃焉直谈吾过。盖虽日夕共处之良师益友，其感触予心，殆无若是之深者也。

镳氏之纯正哲学，主张以意思为万物之本体，以为宇宙间一切现象，无不以意思为基本。自动植物以至无机体，一切动作变化，驱吸离合，皆与人间之意思作用相同。虽有明了与蒙昧之殊；犹之薄明之曙色，与正午之日光，同为太阳之作用。此即镳氏宇宙意思论之标帜也。镳氏又谓自动物以下，有意思

---

[1] "镳喷哈欧"，今多译作"叔本华"，下同。——编者注

而无认识。至于动物,虽意思未与认识相伴,而已现脑神经之组织,知识作用,已导其光;至人类而认识作用始显。然凡愚之辈,认识之力弱,意思犹逞其威;故凡愚之判断事物,不以理论,而顷向于其意之所欲;因位置、身分、职业、国民党派宗教之不同,而行偏见臆断者,无不由此。惟智育发达之人间,认识始显其力以御意思;其观察事物也,常居于客观之地位;故意思不受刺戟❶,消泯观察者自己之主格;于是能得真理,而审美之渊源,亦存于兹矣。

镜氏既主张以意思为宇宙之本体,又以认识御意思,为人类高尚之能力;其一生著作,大都以此二语为前提、为结论;其伦理学说中,亦以制意思为人间绝对之理性。彼之言曰:吾人有生存之欲望,而苦痛即随之,于是欲得解脱此苦痛之术;然苦吾人者,非肉体,实意思也;故自杀者仅使肉体死灭,决非使肉体免苦痛之法;有理性以制意思,则与人欲相离,置死生于度外,无所谓死,亦无所谓生,所谓佛陀涅槃之境,斯真解脱之道矣。

镜氏哲学伦理学之学说,予已述其一斑。至其《处世哲学》,虽旁征近喻,婉委曲折;而要其指归,不外以认识御意思之一语而已。书凡六编,第一编为总论,第二编为人格论,第三编为财产论,第四编为名誉论,第五编为处世训,第六编为年龄论。第一编言人生幸福,首在自己之人格,而名与利次之。第二编说明修养人格为幸福基础之理。三编、四编说明名与利之真相,及其与幸福之关系。《处世哲学》即以前四编为

---

❶ "刺戟",今作"刺激",下同。——编者注

主。五编搜集古人之格言，以为处世之箴规。六编阐发吾人自幼至老一生之心境，乃《处世哲学》之附录焉。予曾撮其第二编至第四编之要义，载入昔年《浙江旅沪学会月报》。兹复加修正，并将第六编年龄论介绍于读者诸君。

亚泉　志

一、人格论

希腊爱匹克尔（Epikur）之高弟美忒罗特拉司（Metrodrus）曰：吾人幸福之源，不在外界而在内界；故同一境遇，而从其精神修养之差，其人生观亦异。世界惟一，人之思想感情则千万，于是世界亦千万。日常事物，入摆仑（Byron）之诗，皆有伟大美丽之价值；反射于凡庸之眼，则其趣味又杀。忧郁病者视世事皆成悲剧，而多情多血之人，则常处于乐观之境。然则人生万事，皆意识之眼镜所映之色彩，镜青则所映者青，镜赤则所映者赤。俗眼所羡之富贵名利，映于君子之意识，固无何等之价值也。彼叟寰梯司❶（Cervantes，西班牙人，1547年生，1616年殁）以牢狱系缚之身，著 *Don Quijate*❷ 之小说，毕竟彼之心事，不为外界之奴隶故耳。

不见夫优俳乎忽为王侯，忽为将相，忽为乞丐，忽为囚

---

❶ "叟寰梯司"今多译作"塞万提斯"。——编者注
❷ "Don Quijate"，即"《堂吉诃德》"。——编者注

徒，极人生境遇之殊，终不过舞台上一时之装束。论其实体，皆乐部内一般之生旦丑净而已，人世之富贵贫贱，一舞台上之王侯将相乞丐囚徒耳。是特职务支配之殊，而于伶倌实无所加损也。夫外界之富贵贫贱，受时会之支配，其变迁不可豫期[1]。独自己之精神，则晨夕相共，衾影不离，有固定持续之性。若精神不锻炼，而汲汲焉惟富贵利达之求，则终其生龌龊蠢动，卒不能脱苦海沉沦之境。所以世之身居宫殿，左右拥抱者，犹咨嗟叹息而不能自已也。哥的（Goethe）曰：征诸古来君主之言动，则知人间最上之幸福，决不在自己人格之外。谚曰：空腹者最佳之肴馔。斯真参透此中之消息者也。

修养之人间，于精神思想界中，自得真趣。不能自外与之，亦不能自外夺之。猗顿之富不能购，王侯之位不能易。凡俗者反之，求佚乐于外界，熙熙攘攘于红尘十丈之间，屡散金银以娱耳目，冀以肉体之刺戟，慰藉其精神。是犹白发而拥红颜，决不能得其慰藉也。且肉体之刺戟愈甚，精神之烦恼愈增，是不但缘木以求鱼，抑且撩蜂以觅螫。推其由来，皆因思想干枯，趣味欠乏，不能以自己慰藉自己。犹贫弱之国，无制造需用品之能力，不得不仰他国之输入耳。塞那加氏（Seneca）曰：愚者自厌倦其身。薛勒氏（Jesus Sirach）曰：愚人之生存，较死灭更可怜悯。盖醉生梦死之徒，固未解生活之真意义也。

人格为人生幸福之基础。不能修养，则富贵贫贱，皆属悲观。竞利争名，无非为权势阶级之奴隶而已；是等之奴隶儿，同类相求，以造成堕落之社会；外观虽灿烂光辉，其实则下劣根性之饿鬼道耳。大抵思想贫弱之流，往往猬集团结，以补充

---

[1] "豫期"，今作"预期"。——编者注

其欠损，犹贫血病者之互相抱合，以期增其体温。此等社会中，无宗教，无审美，无文学，无哲学。所求者耳目之佚乐而已，酒色饮食之嗜好而已。其心理之状态，与一般动物之通有性，殆无所择（西人指上海四马路为动物园即此意）。恶虺成群，互相吞噬。求幸福于外界者，一蹉跌而入其陷阱之中。故古来志士贤人，不喜与凡俗同群，而惟求快乐之源泉于自己之心地。基督教徒 Angelus Silesius 有言曰：避欤，遁欤！吾之灵欤！不然，汝必为苦难而死。

人生幸福有二敌：苦痛与退屈是也。欲脱苦痛则退屈，欲免退屈则苦痛。二者殆包括人世之两极，不论智愚贫富，多不能超越此两极之范围。自外界之关系观察之，则下等社会，多困难屈乏，常沉沦于苦痛；而上流社会，多富裕安全，易酿成退屈。自内界之关系观察之，则精神作用之鲁钝者，对于刺戟物之感受力乏，心境蒙然，常倾于退屈；而锐敏者对于内外之刺戟，应接不绝，感触甚激，易沉于苦痛。此其大较也。

人类之快乐，大别之为三：曰生理的快乐，食色眠息等是也；曰刺戟的快乐，旅行舞踏赌棋观剧等是也；曰精神的快乐，学问道德上之快乐是也。此三种快乐中，精神的快乐，最为高尚。余二种之快乐，动物之所通有。精神的快乐，则为人间之所特有者，人类之所以秀绝于禽兽者，即在此也。人类中文野尊卑之区别，以精神的快乐之有无增减为基。此快乐不由外界而来，乃由内界而发。由外界来者，其快乐处于被动之地位，一旦为其关系之事物所欺，或失之，则喜者忽转而为忧，希望者忽变而为失望。由内界发者，其快乐为自动的，不随外界事物而转移，以独立不羁之思想，养成光风霁月海阔天空之气宇，悠悠自适于世，是真正之幸福也矣。

二、财产论

幸福主义之大家伊壁鸠鲁（Epikuros）曰："吾人之欲望，可分为三类：第一为必要而自然之欲望，此欲望不满足，则生苦痛，衣服饮食之欲望属之，然其满足也殊不甚难。第二为自然而非必要之欲望，男女之爱欲是也，欲其满足，较前者难矣。第三为不自然不必要之欲望，如奢侈华美荣耀之类，其欲望无际限，故不能满足者也。"

世人之欲望，常倾向于财产，以其有满足百般欲望之能力也。是为抽象的欲望，较之具体的欲望，更难满足，其要求常与其财产而俱增。贫儿得少许之财产，亦觉得意，而袄袴[1]之子，袭百万之财产，犹不如意。谚云：富者如饮咸水，愈饮而愈渴。可谓得守钱奴之真相矣。

富裕之人，遭遇不幸，俄然为零落之身，一时感非常之苦痛。无间，其苦痛渐次减去，回复既往之心境，是因境遇缩

---

[1] "袄袴"，今作"纨绔"。——编者注

小，欲望之界限从而缩小故也。反之，一攫千金，一旦感无上之快乐，然此暂时欢喜之心，决不能永久。未几而欲望更扩大，再陷于不幸矣。

凡战艰难，耐贫困，立志成功之流，其恐怖贫困之念较轻，于财产较不介意。富豪之子，贮蓄之念愈深，彼以世袭财产为自己生存惟一之元素，故愈尊重之。贫儿以困苦为自然之状态，偶然一攫千金，消费之外无余计；迨再复其旧相，亦洒洒落落。谚曰：乞食者得乘马，必一时乘毙之。即此意也。

妇女概乏经济之念，惟生于贫贱者为然。富家之女子，转深贮蓄之念。约翰生（Johnson）博士曰："生于富厚惯于货财之女子，嫁后长于经济；生于贫困，嫁后始接金钱者，以散财为惟一之乐。"亦至言也。

几多享世袭财产之流，依赖财产，造次颠沛以终其生。其皮相虽最享受幸福，实际则为人生不幸之大者。亚里士多得（Aristotle）之伦理学曰：人生之快乐幸福，在能自由发展其能力，而任意使用之。贫困之人，常出其天赋之能力，与困难奋斗，故亦得一种之快乐以救济其苦痛。富者不使用其能力，惟郁郁坐守，陷于无目的无意味之状态，久之能力缺乏，憔悴枯槁而气息奄奄矣。退屈之久，则厌倦自生，于是避退屈而求救济之法，则放荡淫逸以消耗其精神，而仍陷于苦痛，或至破产而为贫窭之人。故富厚之人，当知财产之运用，努力于博爱慈善之道，毋徒陷于退屈，以招不幸焉。

人生斯世，不可不营独立之生活，借自己之能力，以为自由不羁之人。充普通衣食住之财产，固为必要，是于幸福大有关系。惟已得一定之生计，则其余之财产，决无艳羡之价值者也。

贫困为训练吾人之学校，能忍屈让而富于宽容，又有体察人情之力。故有希望与抱负之人，欲为国家社会尽瘁者，不可不有贫困之经验。凡惯于富厚习于安宁之人，疏于礼让，胸量甚狭，恣肆易怒，不善察人情，一遭轻侮，一处逆境，忽忧郁沉闷而不能耐。如此者，于国家社会上，决无活动之力。故大政治家、大宗教家，决不可有束缚其身之财产，而当锻炼其身体，为惯于辛苦能受屈辱之勇士。

三、名誉论

人格为幸福之基础，而适分之财，又为幸福上之一条件，名誉亦然。然吾人常有过重名誉之倾向，因之有与真正之幸福相矛盾者。夫名誉心为道德上之一动机，为奖励道德上有力之刺戟，有时亦不可不鼓吹之。但对于人生最大之幸福，则其补益之处，殊不如其障碍之处；故论人生幸福之立脚点，则名誉心亦有不可不抑制者。不然，则终为他人之奴隶，失独立不羁之精神，至与伦理道德之大本"意志自由"相背戾矣。古云：有野心者易动。盖易为名誉所驱策，受他人之支配也。自己之幸福，当求之于自己，不当求之于他人。人格与财产，属于自己之知觉范围；毁誉褒贬，则属于他人之知觉范围矣。夫世之毁誉褒贬，皮相而偏狭，失其正鹄者居多，若向此以求幸福之标准，实为危险。况当世之人，每对不足怖之敌，达于其耳而不足忧者，则为无责任极酷极刻之批评嘲骂，即古代之圣贤伟人，亦且颠倒之而不足为奇。吾人乃对于彼之批评嘲骂，尊重之而为其奴隶，不亦愚乎？

罗马之负岌臬士（Virginius）为名誉而杀其爱女，又有求闻名于当世而牺牲其生命财产者，于伦理之方面，于国家之政策，利用此极端之名誉心，亦殊得策。然此等求价值于名誉之人，于自己之知觉，自己之存在，全被侮辱，亦人生之目的陷于迷妄之一状态耳。与贪婪之徒，误解财产之真价而为其奴隶相同。盖彼于名誉之究为何物，实未尝领会者也。

名誉过重之结果，一举一动，窥他人之意向，人生苦痛之大半，即因之而生，是实与奢侈者炫其外观之服饰，为同一之心理。

名誉之心，在幼时虽已发芽，往往至老而愈炽。盖年龄既衰，一切之感觉力渐减，仅余自负虚荣之心，以逞其威焰故也。

1846年3月之终，《太晤士报》❶记一职工绍马斯（Thomas）处刑之事。此人因复仇而杀人，遂受死刑之宣告。临刑之日，其惟一之苦虑，则为以何法装刚胆，使观者惊我之勇而已。同年谋杀国王之法兰西人烈康威克（Lecomt Wix）处死刑时，其逸事亦复相类。当裁判所公判之时，彼之脑中所不快者，为自己服装之粗笨；登刑台时，其第一不平之事，为不许理发化装。幽冥既控于眼前，而心灵犹为虚荣所羁绊，诚可谓至死不悟者也！吾人平日为虚荣心而苦虑忿怒者，可不对此而反省乎？

名誉者，他人对于自己之价值所加之品评也。各人之价

---

❶ "《太晤士报》"，即"《泰晤士报》"。——编者注

值，因社会团结而发生。若人间为单个独立，则固无所谓价值，故亦无所谓名誉。自人己相集，成为社会，于是社会之中，能履行人间一般应行之要件；又鞅掌于自己位置职分上应为之事者，则为社会中有益之一员。然常人之思想，以谓欲为社会有益之一员，既非自己所得而主张，则不能不依赖他人之证认，而所谓虚荣心者，则以求他人之证认为目的者也。

吾人既为社会之一员，则所待于社会者不少，故亦不可不得社会之信用，而名誉之关系遂重；然是固间接之关系，而非直接之关系。基利斯波（Chrysippus）及大荷其尼士（Diogenes）曰：对于他人之评判，苟不欲得其所影响之利益，则不足介意。希尔维的（Helvetius）曰：吾人之重视评判者，非为其评判而重之，乃为其所影响之利益而重之耳。然则名誉之对于吾人，无直接之关系，固非吾人之私言也。

名誉于吾人，虽有间接之关系；而对于吾人真正之幸福，则常受直接之障害。故欲保身心之康宁，行为之真挚，不可不厌离之。然厌离究为不可能之事，以其因袭既久，习惯而成天性，故虽古今之杰士伟人，能超越此范围者甚少。吾辈于此，欲求救济之手段，则惟有用理性的反省法而已。

理性的反省法者何也？曰吾人熟考人间之思虑，屡有甚迷妄颠倒者。其毁誉褒贬，常失其正鹄，究不可以为吾人行为之标准。故名誉者，于吾人实在之价值无关系，而吾之行为，当皈依于自己之本性。从本性以定行为，则心广体胖，而其行为亦独立而坚固。人生之真价，于是乎发挥，而幸福之真意，亦于是乎大阐矣。

吾人研究"名誉"二字之定义，则名誉者，为在外之良心；良心者，为在内之名誉。良心之于名誉，犹功绩之于徽章也。徽章必本于功绩，仅佩灿烂之饰物，不能视之为徽章；名誉必本于良心，仅受俗眼之欢迎，不得谓之名誉。

是故虚荣心与尊大心，相似而实相反。尊大心者，对于自己之价值，自己确信之之谓也；虚荣心则求信认[1]于他人；彼持世人之称誉以作自己之尊大者，实矛盾之甚者也。不自信而求人信，其尊大也伪耳；犹之乌被鹤羽，终必曝露其真相也。真正之尊大心，必基于自己之确信，而非常人之所得袭取者也。

尊大常为人之所嫌。然人之嫌之与否，对于其尊大，固无价值；彼破廉鲜耻铁面皮之类，固自可嫌，而真正之尊大实可爱。人苟自具抱负，自不可与凡俗同群，其尊大也，实有不得不尊大者。阿拉伯之古谚曰：与奴隶戏，则奴隶遂示以臀肉。盖言人之不可自轻亵也。罗马之诗人荷拉逎（Horoz）曰：有功绩则自尊大。亦非无理由也。

尊大每为人之所嫌，故对于凡俗之社会，谦逊实为有益之道德。谦逊者，彼此互隐其非，互掩其短，乃凡庸之人互相扶掖之道也。东洋诸国，专行礼让，亦社会相安之要事。守礼让者为贤，而吝于礼让者为愚。若不守礼让，漫然攻弱拨非，是直与放火于市街之狂汉无异。故礼让之行，虽因国风而各有差殊，然观于各国之书牍文例，殆无不有表臣仆敬称之意味。盖金铁虽坚，加之以温热，则无不融，而可以自由铸造；人虽顽梗，待之以礼让，则无不化，而可以自由导引矣。尊大者不可

---

[1] "信认"，应为"信任"。——编者注

自轻亵，礼让者，所以免于轻亵者也。

至于国民之傲慢，与个人之尊大又异。其个人于自己之身上无所确信者，于国民傲慢之一方面，愈扬扬自得；是盖恃千万人之力，以填补自己尊大之缺陷。犹之世家子弟，自己无所表见，则恃其祖父亲族之声势，以补其欠缺，而傲慢他人。是等国民，无不汲汲掩蔽己国之缺陷，例如英人于其国中有一种迷信之流行，则50人之内，殆49人努力为迷顽之辩护；德人虽无国民傲慢之性（鲸氏系德人），然主张之者，亦未尝无人。要之国民之傲慢，往往陷于极端排他的倾向，而终于无意义。真正之国民尊大心，固不如是也。

名誉之种类，可分之为三：一曰人格上之名誉，二曰职务上之名誉，三曰男女间之名誉。

人格上之名誉，其范围甚广。概言之，则吾人人间，不可不互尊重其权利，不可以欲得自己之利益；而对于他人，对于社会，用不正之手段，是人格之名誉所由起也。人格之名誉，为社会和平之所必不可少者。若对于社会和平之道德，而有背戾之行为，则其行为者忽失其名誉。此名誉一失，不易恢复。盖本于道德的品性为不变性之原理，一有毁损名誉之行为，则对于此后之行为，犹加之以类推之断定。英人之言曰：吾人之行为，有前后连续之关系是也。故人格之名誉，为消极的名誉。

人格之名誉，发于自己，存于自己之行为，而不自外至，与下所言武士的名誉异其趣。或诽谤谗讥，对于名誉而为外来之侵击，一遭损害，则永不能偿。故恶口实为大恶，而为法律之所必惩。然吾人对于此诽谤谗讥，则以用明晰之辨白，反照之行为为最当。

凡对于他人而诽谤谗讥之者，即为未能深知其人实际之明证。若果深知其人之实际，则但以陈述其人之事迹为前提，而其判断是非之结论，可任听者自为之。诽谤谗讥者不然，必先自下横恣臆断之结语，而前提则委之于听众。故言之者为罪，而信之者为愚。

职务上之名誉，与人格上之名誉异趣，不但负消极之责任，而又负积极之责任者也。盖必有适于其职务之才能，而尽其属于职务中之义务。不然，则毁损名誉而受相当之罚。例如官吏、辩护士、医师、教员、军人等，皆负职务上之责任，而一般之国民，皆与之以职务上之名誉；其职务益重，则名誉益高，而国民益尊敬之。

次为男女间之名誉，是不可不分男性之名誉与女性之名誉而研究之。

女性之名誉者，一女不事二夫是也。盖女性者于其自己之所要求，不得不依赖男性者之供给；而男性者所须于女性者直接之供给，仅有一事。于是男性者为一事之需要，对于女性者诸有之要求，当使之满足之惯例以起，即所谓结婚是矣。此惯例既定，女性始获安康。而为保护此安康，拥护此惯例之故，遂有一种女性团体上公守之条件。持此条件，以与身体精神皆优胜于女性之男性相敌对，至使❶男性所占有万物上之特权，不得不与之共有。故敌对目的之条件，为女性者之所当确守。此女性名誉之原则。若不守其条件，则将不能达其敌对目的。

---

❶ "至使"，应为"致使"。——编者注

故犯之者为毁损名誉,不得不受团体之嫌恶摈斥。盖若此不正之行为波及全部,则其同性之安康基础,将为所破坏故也。婚约者,乃女性对于男性以一事之义务交换诸般权利之条约。食言破约,已失人格上之名誉;况使男性者蔑视此条约之神圣,波及于团体之权利乎!故未婚者之私通,虽得因结婚而回复其名誉;若既婚者之奸通,则不能补救矣。虽然,谓之为恶,不如谓之为愚,以其自坏其安康基础之条约故也。

至于男性之名誉,对于女性之名誉而起。既与彼结婚之妇,则彼当终生保护之,而有独得占有之名誉。若其妇不贞,则离之出之;如知其不贞而为之宽容,是为男性上之耻辱,然其耻辱尚轻。若因不能保护之故,而纵容其卖淫,则为极大之耻辱矣。

上述各种名誉,为古今东西所通行者。此外更有一种名誉,流行于一时一地,如武士的名誉是也。此名誉为希腊罗马人之所不知,中国印度人之所不解,而专行于欧洲中世纪骑士之间。与上述之名誉,其性质大异。

武士的名誉者,凡他人对于自己有侮辱之言行,则不问其为何人,亦不问其为合理与否,必与之拼生命而复仇,即强制他人使之敬畏之一种蛮勇也。其名誉之性质,与他人思想上之批评无关系,惟强制其批评之发表而已。又其名誉之发源,不在于自己之言行,而在他人对于自己之言行。故虽自己之言无不正当,苟有人对之为侮慢之言行而不能复仇,则毁伤其武士之名誉,即为武士道之耻辱。故其时决斗之风盛行。推其由来,实因当时裁判法之不善。盖当时之裁判法,被告者对于原告者之批难,若自己不能证明其为无罪时,则仰之于神断。故其终也，必至诉曲直于决斗，而武士的名誉，即由此而发生矣。

希腊罗马之人民，富于武勇之人民也，然以殴打为野蛮，以决斗为无赖。苏格拉底（Sokrates）尝受人之訾骂而不愤。人问之，曰："彼之訾骂，不适于我，故我不当之。"相传当时有人名卢列士（Veratius Lurius）者，好于途中，对于不知姓名之人，次第批其颊。又防其诉讼之蔓延，依损害赔偿之规制，与以25爱司为常，故行时必令仆赍财布以从。可知此时之人，对于他人之侮辱，除诉于法律外，无复仇之念。又有著名之学者克拉台司（Krates）被音乐师尼柯特罗马批颊，甚剧烈，颜面为之红肿。克拉台司乃书一木片，缚于肿处，曰："是尼柯特罗马之所为也。"行于道中，见者咸传之；而尼柯特罗马之污名，遂通国皆知。可知希腊罗马人，对于武士之名誉，蛮勇之价值，固毫不认者也。

盖武士的名誉，非出于人性之自然，而属于人为，乃理性未光明时代之产物。当时社会未发达，法律无制裁，以腕力为守护威权之要件。故不独行于武士之间，一般人民亦几成为惯例。至于今日，文化日进，以国家社会之法律制度，保护个人之权利。故决斗之风，几如都会之外、铁道之旁，所留遗酋长时代之城寨矣。虽然，今日之所谓国民的名誉者，尚含有武士的名誉之性质，以威力博外国人之敬畏，保己国人之权利，是非曲直，悉以威力定之。故受人侮辱而不能报复之国民，几为世界所不齿。

以上所述之名誉，与名声不同。名誉者，人人之所当有；名声则非人人所得而有者。又无论何人，皆可公然以名誉加之于己；而名声不然。盖名誉犹地平线，名声则高绝于地平线以上者。故对于名誉，人人有要求之权，名声则为少数人所有之权利，仅有拔群之功绩者，能获得之。

塞那加（Seneca）之言曰："名声之于功绩，如影之随形，或前或后，靡有一定。故或得之于生前，或得之于死后。"此实至言。大凡名声愈伟大者，其长成愈缓慢，如参天老柏，历数千载而后成。一时性之名声，犹一年生之植物；虚伪之名声，则湿生遇雨之杂草耳。努力求适于时世而放色彩者，犹之早开之花，枯凋亦速。反之，不阿时世，不屈时世，期功绩于百世以后之人，在当时虽皆辗轲不遇，历时而放其光辉，此固历史之所证明者也。

古来伟人杰士，常苦知遇之难。是不但因世人之批评，多陷于谬误而已；其被憎嫉而埋没者，亦复不少。盖凡俗之人，多憎厌他人之名声，憎者相集而窒害之；己有功绩有名声者，又常不喜他人之加入，以减杀自己之声价。故名声不得不与憎嫉相战，而受酷薄之裁判官之批评。若夫名誉，则不遭憎嫉，公正之裁判官易得。盖名誉者，各人各得其所有，相容而无相妨。名声则非各人之所有，少数之席位；此人占之，则彼受无形之减损矣；此博名声所以难也。是故人之欲期大功者，不可不舍弃其一身之名利。哇苏列士（Osorius）曰："名声者，追之则逃，弃之则来；若诣时代而求近名，则追名声者之所为也。"

名声者，不过以自己之功绩，映于他人之头脑；犹之舞台演剧之人，以色彩映观者之眼而已。不宜眩惑过甚，尊重名声，不如尊重其名声之本体，当以从自己来之名声为第二位，而以名声所从而来之自己为第一位。若不顾第一位之自己，而眷恋第二位之名声，是无形而求其影也。自己无价值，而贪得虚名，适为疚心之具耳。

最真正之名声，得闻于自己之耳者绝少；咨嗟叹赏，生于后世者为多。同时代之称赞，无甚价值；一时大名鼎鼎，及其后而埋没于瓦砾之间者甚多。特伦巴（Dalember）曰："名誉之宫者，乃生前未尝至其宫中之多数死人，与死后方可至其宫中之二三生人，所居之宅也。"实可为妙讽。生前浪得虚名，至死后反驱逐于宫外；而终生不遇之伟人杰士，至死后而相会于宫中矣。

名声之得也有难易，而其成也有广狭。就学问言之：专门科学中，如数学、物理、动植物、解剖之类，其研究之成绩，仅及于专门之内部，范围甚狭；不如普通之事理，其所得成绩，易为一般人士之所知。然世人所已知之普通事理，如百尺竿头上之一步，其进也甚难；而一般公众所不知之专门事件，其所得之功名，范围虽狭，而研究之余地，犹觉丰饶。凡庸之手腕，犹易得著成绩。故无非常出众之才，而但具有相当之理解力、通常之判断力者，则向专门科学而进，较为得策；苟能黾勉与注意，其成功尚非难事。而此等学问之成功，其最便且利者，莫如旅行。盖自思虑之力以求成功难，自见闻之力以求成功较易也。若夫伟人杰士，以慧敏之观察，徘徊常识之间，以丰富之思想，处置日常之事，入求原理，出交世俗，不蛰于偏隅，不拘于琐末，遂成非凡之大功绩，贡献于当世。其成功虽不易，而其功绩亘于千古，及于万国，为世人之所公认。大哲学家、大政治家之名声，与科学家固大相径庭矣。

四、年龄论

法兰西著作家福禄特尔（Voltaire）之言曰："对于自己之年龄无分别者，必致祸患。"实为至言。今请研究年龄之问题，讨论年龄及于人生之影响，辨明人生因年龄之差异而起种种之变化，以供世上老幼各自之注意。著者颇自信此亦人生之一要务也。

吾人一生，只有现在耳，只见现在耳。然此现在，实为介于过去与未来间之界石。从吾人之起点言之，常向未来而前进；从吾人之终点言之，则常经过去而不留。在此未来与过去之间，吾人之气质状态，显著变化。因此而现在之色彩模样，亦时时变化。人生当幼稚时代，认识的生活，较我欲的生活，更占主权。故人生之幼稚时期，较年长时期，多得幸福；人生之乐园，惟于此时得见之，而年龄渐长，离此乐园亦渐远矣。

人当幼稚时代，关系狭隘，境遇单纯。故我欲之冲动，较为净洁，是以其生活之大半，得为认识的乐观。夫吾人之知力，随脑而发达，此脑至七岁而大发育。故知力之发达纵未熟，而认识之作用于是生；因欲得知的满足而要求荣养物，遂向四周搜求新鲜之事物。此时实现所谓诗意的生活。

何谓诗意的生活？夫吟咏之材料，即柏拉图之所谓观念，即万物之本然，天地之真相。所以表示森罗万象山川草木之本然真相者，谓之诗；从而玩味之者，谓之诗意的生活。人生在幼稚时代，为种种事物所刺戟，因以惹起瞬间的欲望。故骤观之，宛如为一事一物之奴隶，为无趣味无理想之生活。其实决不如是也。

幼稚之生活，大体新鲜清白，感觉锐利。故所见闻知觉者，尽能直觉事物之本然真相，而强以私欲曲解偏执之事甚少。即和兰❶哲学家斯宾挪莎氏（Spinoza）之所谓"真相永不灭"（Sab specie aeternitatis）得认万物本然之关系也。

幼稚时代之眼界，恒以一事一物，代表其各种属。然年龄渐长，此种见解渐减。此即老幼之感觉印象所以生差异之故，亦即少年所见之世界，与老年所见之世界，迥不相同之原因也。

是故幼小之见闻，为日后认识经验之标本，即为供日后研究之模范。而老壮之见闻知觉，不过隶属于此模范之零星破片耳。

然则幼小时代，已生宇宙观、人生观之基础；而老壮生活者，不过敷衍之终结之而已。

幼小时代，我欲之念未盛，故有公平之客观的思想，易得

---

❶ "和兰"，即"荷兰"。——编者注

认识的生活。拉发儿氏（Raphael）描写天使时，每以幼童为模范者，即以此也。世人皆以幼年为神圣时代，老后屡生回顾眷恋之情者，亦以此也。

幼小时常以极真实之面目对付事物，专顺从直觉的观察，然于一方面，更以人为的教育，注入理解力。此等注入之理解力，反不易领会事物自然之本体。盖天地万物之真相，非吾人自己先天的直觉，不足证明之也。

吾人之知力，如道德之价值然，并非由外界注入，而由内界发生者也。纵令无论若何巧妙之巴斯德罗之教育法（Pestalozzische Rerziehungskunst），决不能使白痴为贤者；生而为白痴者，惟以白痴终其生而已。

幼小时代之境遇与经验，永远不致遗忘者，亦由于上述之理由。盖其时之感觉印象，纯净爽锐，无散乱粗率之虞，观察事物，极为单纯。至于老壮，全然不同。因为私欲所支配，时有散乱粗率之虞，感觉驳杂而迟钝。故幼小时之记忆强，壮老时之记忆弱，实自然之理也。

凡天地万物之客观的自性，与自然的真相，原为极快乐者。花明柳暗，鱼跃鸢飞，山川草木，各得其所，其美满何如？然苟以我欲的观察对之，则世界忽变为苦境，不觉人生之可乐，而只觉其可惧。此主观的世界，终与年龄相比例而渐加苦痛恐惧之度。幼年时代，较有公平之客观的思想，故能直觉万物自性愉快之现象。迨至壮老，主观的我欲之念日炽，致曾经想象为快乐之世界，忽一变而皆为苦境，皆为恐怖。

我欲的主观世界，宛如舞台之装饰。在幼稚时代，距离较远，理想上以为灿烂夺目者；迨壮老时，近而观之，则褴褛不堪，令人欲呕。

以上所述者，为人生前半期之前期。今更试述前半期之后期，即青年时代，较诸后半期之壮老时代，固为快乐；然较诸幼小时代，则稍为不幸。盖因欲获得幸福，而将试其猎取之技也。青年所望者为幸福，求幸福的生活之实现者，青年之大概也。于是起虚幻的梦想，梦想之结果，乃生不平。

夫梦想的幸福之对境世界，全为虚妄也，幻影也，惟因我欲的想象，而现灿烂之色耳。故其究竟，终不免为水月镜花之憾。故在青年时代，无论所处之境遇如何，鲜有毫无不平之感慨者。何则？盖以预想之对境，常出于意外故也。如欲救济青年之悲观，不可不先行斥去其虚幻的妄想。然事实又适与相反，社会状态又极力从事于煽诱，使青年益逞其空想。其奔赴于快乐，宛若蚁类之就甘；然而捕风捉影，终无所获。故常陷于烦闷苦恼之悲境。

万物之刺戟吾人者，大都非其本体，不过为虚饰的皮相耳。故处世者，亟须识透其本相，能认识之，则自然无偏见无固执。来者不拒，去者不追，常悠悠而自适。否则为表面上之皮相所眩惑，生偏执之私见，且强欲实现之；是皆情欲大炽之故。此情欲乃纯然拷责吾人者也。

请更进言人生后半期之状态：在青年时代，欲猎幸福，不但归于徒劳，反因此而招不幸。既经有此经验，至老年时代，遂觉对于此等不幸，不可不讲防御之策。故老年为苦心惨淡之时期，深悟昔日所梦想之幸福快乐，究属虚妄，不幸苦痛，反系事实。故知求免不幸，脱离苦痛，实为人生之急务。（青年宜耐不幸，老年宜避不幸）

青年时代，闻叩门之声，每以为友人来前；老年时代，每闻足音，辄以为敌人踵至。青年所希望者幸福，老年所恐怖者不幸。

伟人天才，超然避俗交，屹然不为外物所动。在青年时代，似为友人所摈斥；至老年时代，则得超脱于世俗。此即不同凡俗之处也。

人类智愚不同，其性质自互有差别。然大概人生至后半期，皆爱平静，冀免不幸。其故由于大悟前半期之妄想，实归于徒劳而无功也。

老辈经多年之阅历，其思想着实真挚公平不党。此即与青年不同处。老年观察事物，恒任其自然。少壮时代，常以自己之私心妄想，架设蜃楼海市，辄以皮相的臆断事物之真性，而强欲曲解之。至老年时代，能打破此妄想臆断，可谓多年阅历之所赐。

欲从此妄想臆断之旋涡中救拔青年，舍教育无他道，然亦大不易言也。欲讲救拔之策，当先注重儿童教育。初入手时，务令儿童之眼界狭隘，关于其眼界中之对象事物，与以极明了极正当之理解。俟儿童已得明了正当之理解力以后，再渐次扩张其眼界，然斯时万不可注入暧昧模糊之思想。如此，则对于事物之观察，有制限而不驳杂，单纯而不混乱，且能得极明了极正当之理解。自此以后，只须扩张眼界。如此入于青年时代，庶免流于空想妄断之弊。故年少之人爱读小说，必非所宜。因读小说，最易使人惹起小说的生活之思想，而不免流入于歧路。与其读小说，不若读古人传记之较有益于身心。

思想超绝者，至40岁，往往不免有脱俗之倾向，觉凡俗之不足与共语。盖彼意以为如不脱俗，不能掬天地之美善，解人生之趣味也。世有独立不羁者，亦有奴颜婢膝者，各因己之思想而异。思想薄弱者，赖俗交以补助之；思想丰富者，辄以闲散自适。康德（Kant）所著《判断之鉴定法》（Kritik der Urteilskraft）中泛论之末节，曾论及人生之闲居，不可不一读也。

有在青年时代，早通世情，突入交际社会之旋涡中者。若尔人者，最易招非常之不幸。宁不如质朴粗野，反适合自然之真相，得表现高尚之生活。

少壮时代之爽利与勇气，由于眼界中不知人生有死之境界。少年如登山者，惟知汲汲于攀登，而死境实横于山背之麓；迨已达山巅，更越之而下降，方知死之近在目前，遂渐丧失其锐气；此乃人情之常态也。青年之人，每以为人生无限；年老者常感慨人生如早露；亦人情之常态也。大都年老者，如赴刑场之罪犯，满面现悲观的容貌，洵为不可掩之事实。青年之眼光，以人生为非常永久者；老年人之眼光，则以人生之期限为至短促。盖少年之眼如凹镜，视物体过远；而老年之眼则如凸镜，视物体较近。

少年时代，时间进行极迟缓，故人生前半期之前期，不独较多幸福，即其时间亦较久长。时间既长，印象亦强，而便于记忆。春昼长而秋日短，人生之观念，亦复如是。惟在秋日，天高气清，为不同耳。

老后回忆平生，似觉所经时日甚为短促者，由于记忆短简故也。盖吾人所记忆之事实，其无关重要者及不快乐者，皆渐归消灭，而仅留其极微细之痕迹于脑里。故每逢追怀过去，只忆及数十年来生活现象中所残留于脑里之微细痕迹，即以此代表自己一生之经历。故因记忆简短，而并将过去之时期亦简短视之。

吾人之知力不完全，同时记忆亦不完全。如欲将学得者与经验者，永远保存于记忆中，则不可不屡次反复复习之。但吾人往往不愿将不重要与不快乐之事，反复丁宁复习之，此亦常情也。

即系重要之事，若事迹过于频繁，亦必视为不重要。故在幼年时代，无论何种事物，必以新奇者为最重要。但以后年龄日增，同样之事物，亦屡次见惯，于是曩日视为重要者，亦渐变而为不重要矣。既以为不重要，遂即不复记忆之，于是由少而壮，壮而老，各种重要事物之在记忆中者，逐渐减少，记忆力日益简短，过去之追怀，亦与之为比例而日形简短，遂觉人生亦甚短促矣。

愉快之事，虽最易记忆；惟愉快之事一多，则其价值遂减，而不复留于记忆之中。至不愉快之事，逆吾人之自负心者，更不欲置于记忆之中。

故吾人之记忆，极为简短，其旧者远者，更为模糊。宛如乘舟离岸，相距愈远，岸上之景物愈模糊，终至于隐没不见。

有时吾人回忆数十年前之事，异常清晰，宛如昨日者，此亦吾人记忆薄弱之明证。盖现今与数十年前之间，其时期亦已忘却，从当时移至现在，介在其中间之一切关系，均已不能记忆，惟存抽象的概念，一一散布于胸中，故念及数十年前之事物，宛如昨日。此究非出于完全之记忆力，而实将与该事物相关联之时地因缘关系各事，悉已湮没也。

人生至于暮年，回忆前事，常将过去与现在，颠倒错乱，

四、年龄论

漫无界限。是即人生常只见现在，不识自己之本体之故也。

人生在幼年时代，常以为人类之生涯，非常永久，此何故乎？盖幼年之人，往往抱无穷之希望；如欲满足之，纵以梅造剎伦（Methusalem）之长寿，犹恐不足。此时经验极少，所接事物，皆系新奇，而印象确实；在极有限之时日中，得无数有趣味有价值之事物，几有一日千秋之观念；即以此观念推测未来之生活，故以为人类之生涯，决不短促也。

长寿为人生之至宝，而长寿之法，有二要诀，可以灯譬喻之：今有二灯，其一油虽少而能久燃，则因灯心细而油之消费俭也；其一灯心粗而亦能久燃，则因油甚富也；人生之寿命，亦复如是；油为生活力，灯心之粗细，为劳力消费之多寡；若劳力之消费过多，而营养之供给不足，终不能望其长寿。

就人类之生活力观察之，在36岁以前，宛如恃利息以生活者；今日所消费者，今日之利息，明日复有明日之利息，长无匮乏之虞。然人生至36岁以后，宛如营亏本事业之人，在少壮时代，消费之大部分，再能恢复；故少许之损耗，曾不足介意。惟年龄日增，所损耗者愈多，其生活力日趋于贫困而不知底止；且因体力日见缺乏，以致金钱之收入，不能偿其所出。年老而利欲之念日炽，亦以此故。

反之，青年时代，生活力强大，尽可以所获多数利息，分出若干，加入资本金内；不但能使消费者依然返还，并能增加资本金；此不独身体之关系为然，金钱出入之关系，亦复如是；岂非人生之幸福乎？

然而青年诸君，切不可因生活力有余裕而滥用之。亚里士多得曰：占胜利于希腊阿林比亚祭之竞技者，不过两三次；而于老后增加不少之衰弱，盖因体力之消耗过度也。

　　脑力亦与体力相同，万不可用之过度。神童如温室中培养之花草，并非出于自然；故年长之后，仍不过凡庸之品质。青年时代，研究古人之死语而过用其脑力者，日后必减其判断力，其实例颇屡见不鲜。

　　人之性质，大与年龄有关系。有可爱之青年，至于老年而大变其性质者；有在青年时代颇活泼，而老后变为因循者。然普通性情，年老则变为温和。此因阅历既多，不固执其私见也。此种性质，法兰西人为尤著。

　　乘船之人，见沿岸之景物渐远，而知船之进行。人与青年者相接，而后知己之年老，亦犹是也。

　　前节所述，曾经经验之事，初则置于记忆之中，渐老而渐次消失其印象，故直可谓年龄渐高而知觉力渐减。是以老人于惯见之美术品，似毫不入于印象，对于生活状态之事事物物，如云烟之过眼，毫不留意，于不知不识间送其时日，遂觉日月之进行，较往时更增其速度。

　　幼年时代，万事视为新奇，故其感觉较深，所经时日，亦觉久长，宛如旅行时接触新奇之事物，遂觉其时日，较之家居，永久数倍。

　　接触新奇之事物时，不仅觉时日之永，不妨谓为时日真系永久。盖惯见事物，则知力钝慢，而失其时间之价值，一尺之光阴，仅获一寸之实效。故言其实际之价值，人生之时间，宛如物体之坠下，依照加速动之定例者。又如旋转之圆盘上之各部分，从中心为起点，距中心愈远，则旋转之速力愈大。人生之时间亦然，从诞生为起点，距诞生时愈远，则进行之速率愈大，即5岁儿童一年之价值，较诸50岁老人一年之价值大十倍。

时间进行速率之差异，于人生万端事实上，有非常之影响。15岁以前，人生之时间最长，记忆最富。自此以后，则依反比例而前进。幼年时代，好游戏或劳动者，因非此不足以舒其郁闷也。至于暮年，光阴之经过乃愈速。

在壮盛时代，苟心身俱健，最能表现人生之真面目，故世人每称之为全盛时代；真挚之人生幸福，实在此时期中。少年时代，对于各种事物，印象较强，故最便于受精神教育。夫事物之真理在直觉，直觉必须印象强固。由此以观，足知谋知力之发达者，舍此时期，无可他求。至于壮盛时代，已成完全之我，而为外界之印象所抵抗，故决非修学之时期，而正适于经营事业，贡献社会。少年时为直觉所支配，老年时为思想所支配；故少年时期为诗意的，老年时期为哲学的。就日常一般之实际言之，少年因直觉的事物与外界的刺戟，以定行动；老年依自己之思想以决行为。盖老年之人，以曩所直觉者为概念，目前只须加以意念，适当应用之；而少年之人，则对于直觉印象，常临时发生"何以对付"之紧急问题也。年少时好为虚饰骄奢，至于老衰，渐变其嗜好，亦因是也。人生35岁以前，精神之伸张力最大；35岁以后，即渐次减少，而其经验与博识，则反日见其丰富，每逢考察一种事物，必从各方面观察之，以详悉其关系。在此时期间，凡以前所曾知者，得更明其底蕴；对于各种之概念，得把握其例证与确信；有前曾欲识而未果者，今得确识之。少年知识多谬误，所见局于一隅；老年知识较正确，所见多普及全体。故人生必至暮年，而后对于人生之合理的观念始生；以其能因多年之经验，而通观人生之全体与人生之经过，脱离妄想、想象之区域也。少年时代，富于想象，故常以狭隘之智识，揣摩各种事物；年老则想象去而得判断聪明之力，能以素来所搜集之材料而更调理之。故大著作家每于50岁前后，始出现其一生之杰作也。

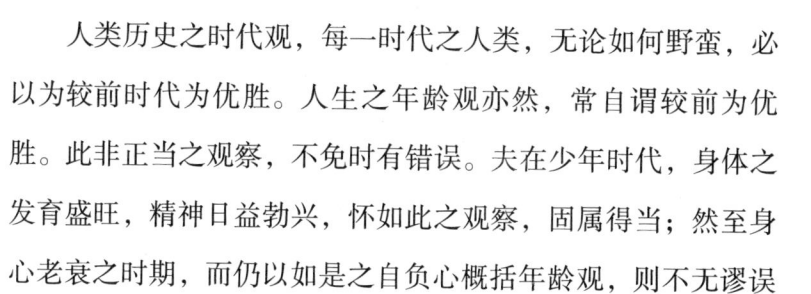

人类历史之时代观，每一时代之人类，无论如何野蛮，必以为较前时代为优胜。人生之年龄观亦然，常自谓较前为优胜。此非正当之观察，不免时有错误。夫在少年时代，身体之发育盛旺，精神日益勃兴，怀如此之观察，固属得当；然至身心老衰之时期，而仍以如是之自负心概括年龄观，则不无谬误之见矣。故年已老衰而未减此自负心者，实可谓少年时代自负心之积习也。

吾人之性质，系属先天的，而智力亦为本来天赋者；然性质不变，而智力常有变化；其变化有一定之规律，因智力一方面有物质的基础，一方面有实验的材料故也。是以智力常渐渐隆起而达最高点，又渐次下降而达最低点。其间有种种之阶级，种种之状态；人人之智力作用，各依其年龄而异，盖因此也。

大凡人生40岁以前，为人生之本文。自此以后，30年间，则为其注释，所以说明本文之意义关系者也。

一生之暮年，如假装舞之终末，遂弃其假面具，于是始识得过去所经历事物之真相。盖至此时，性质乃见天真，事业乃呈结果，行为乃现实价，海市蜃楼，乃始打破也。人多不知自己，而于晚年始渐领会之者，亦因此也。

常人皆谓青年为人生之幸福时代，晚年为人生之悲惨时代，是不过关于感情上，从外界之快乐方面观察之而已。实则

四、年龄论

青年常为外界的快乐感情所支配,故反容易陷于悲惨苦痛之境遇;老年则感情渐次减退,精神益有禅味,认识力之威权甚大,认识能脱却苦痛;感情既为认识所支配,则其知觉,自能免苦痛而得幸福。快乐为消极的,苦痛为积极的,故快乐之感情,终不足以令吾人得幸福。既知快乐不足令吾人得幸福,即可推知彼年老而快乐的感情已减退者,决不能谓为不幸矣。快乐不过镇定欲望,欲望既减退,即无镇定之必要;已饱食后,不得再食,非不幸也;已熟睡后,不得更眠,非悲惨也。人生暮年,欲望既减,不得快乐,何足为忧哉?

柏拉图云:老人脱离色欲,即其莫大之幸福。因色欲而起种种妄想与复杂之情思,因以陷于苦恼烦闷者,实不可计数;若能脱离色欲,理性顿放光彩。青年罹忧郁病以致神经衰弱者,多因为色欲所驱使也。年老之人,大都无此患者,即因脱离色欲也。

故青年为不安之时期,老年为平和之时期,两者幸福之状态,即可由此推断之。每见儿童有所欲,辄向外界伸张其手,似不能禁其羡慕之情,此因其感觉神经,新鲜且激烈,而易受刺戟也。至于青年,其感情更甚,则因受外物之刺戟,而又以自己之想象施色彩故也。因是青年时代,难得安宁。至老年时代则反之,不仅血冷而感觉较钝,且因几多之实验,而能认识事物之真相与快乐之性质,脱离错觉、幻想、忆断等弊,故能无所诱惑,无所眩晕。纵为凡庸之才,其年老者,必较年幼者富于智虑;故老年之性质,大都较为平和。精神之平和,实为幸福之基础。青年汲汲于虚假不实之外观;老年则看破之,常悠悠自适。年龄之功绩亦大矣。人生必积无数岁月经验,而后能见及事物之里面，不为表面之皮相所惑，排斥种种之妄念幻想。无论居于宫殿，栖于茅屋，至人生本来之幸福，实无一定之标准。若精神不平和，虽锦绣缠身，亦不能免于不幸。苟一身褴褛，而心地风光霁月，乐亦在其中矣。此为青年所不易悟，而为老年所熟知者也。贵贱贫富，足令青年赌身命，而不足以动老年。青年营营于虚饰，而老年知虚饰之愚妄。青年常为快乐苦痛之奴隶，所见闻感觉之外物，皆足为其主动力；而老者之心地，宛如梦觉之人，能洞烛种种之诈伪；至70岁，乃更大悟人生苦乐之虚妄而非实在。

人每以老年为疾病之巢穴，是大误也。鹤老则无病，古人谓生活力勃兴时期，康健与疾病均振其势力，盖体力强则病力亦强也。常见伛偻翁媪，矍铄逾常者，即以此也。

老后脑力虽衰，然从其经验认识所得之识见与判断力，观察事物，选择自己之行为，已游刃有余，何脑力衰弱之忧乎？

至其体力虽弱，然苟不为过激之劳动，则亦无所不快。惟老后之贫，实为人生之不幸。苟有足以养其余年之方法，则身体虽衰老，亦无所谓不幸。安乐与安全，为老后之希望，故以黄白为身体之支柱。人生由壮而老，多由崇拜美人而转变为嗜爱曲蘗者。

青年时代，每有爱观看，喜学习之欲望，年老之后，此等欲望，往往消火。而生爱教人及爱谈话之欲望，间有晚年犹嗜学问音乐演剧者。总之，不论其趣味欲望之种类如何，人生至于晚年，金钱之必要，实数倍于少壮时代。

年龄渐高，各种能力，渐次消灭。此种现象，由一方面言之，诚堪悲叹；从又一方面言之，实为必然，而且为有益之事也。此即为死之豫备，使死而即安者也。人生至于老朽，往往愿安乐往生，因借此可免疾病之苦痛，去痉挛之患害，安心愿就死，如常时之倦而思就眠，殊可嘉也。

世有已失身心之自由，而犹恋恋于生存，且愿永续其生命者，可谓为甚无意味之欲望。盖人生既失自由，纵令苟延残喘，永续生命，而目之所见，不过为目前之现在；记忆日益消失，新入之印象，终不能偿消失之记忆；故虽云长命，亦决不能谓之长生。

青年与老年根本的差异，果安在乎？曰，青年之眼前见有生，老年之眼前见有死，即青年过去之时日尚短，未来之时日正长，而老年则过去之时日已多，未来之时日无几也。

故以常人之情观察之，似觉少年人可贺，老年人可吊；但从理性之侧面观察之，少年果优于老年乎？未经验者，果胜于已经验者乎？谷吓勒史（Koheleth）曰："临终之日，较诞生之日为善。"此可味之言也。彼徒望长寿者，可谓无意识之甚矣！西班牙之谚曰："长命者，不过多受苦痛。"世人多贪生而又恶苦痛，岂不自相矛盾哉？生死与忧乐，原不相关者也！

附录

谦谟康德明我论

陈朴　译述

悲夫，众生沉沦，流转生死，良由未达二空，横存我执；不绝其源，如何超悟；是以东西先觉之俦，咸以破我执为第一义。英有谦谟，德有康德，虽诣有浅深，词有显晦，比之无著世亲诸尊，固不可同日而语，然类能显真摧妄，闲邪存诚，洵可谓分途异唱，殊致同归者矣。曩年与友人共译狄卡尔《悟言》一书，寻因事辍。今岁客吴，于行箧中，忽得吾友柏登君（S. B. Burton）所著《谦谟康德明我》一论（*The Self as Treated by Hume and Kant*）。柏登曾从哈佛教授罗夜师（Josiah Royce）治哲学，是篇盖其参承之次所著者。披读欣喜，不能释手，辄复忘其鄙陋，遽施铅椠云尔。

前之学者，多喜言天言物，至谦谟出，谓其舍本逐末，劳而鲜功。夫天道幽邈，物理深邃，探赜索隐，要赖有我，我者固此问题中之关键也。我果何谓耶？我之为我之不知，而侈谈玄理，好高骛远，真无当也。是故欲知他，必先解我，欲解我，又非穷究知之本原（Human Understanding）不为功。知果足恃乎？知有域乎？充知之力奚若乎？则原知论（The Theory of Knowledge）尚矣。乃立说曰，观念（Idea）之生，缘印象（Impression）起，印象感于外，观念应于内；观念者，固摩拟[1]印象而生者也（All our thoughts or ideas are copies of such impressions）。如睹火生热相，因寒起冷相，感光生明相，历夜生暗相，是曰知觉印象（Impressions of sensation）；而心之想象（Imagination）记忆力（Memory），复从而摩拟之，或生欲望念，或生拒绝念，或生希慕恐惧种种等念，是曰反感印象（Impressions of reflection）。由此参糅错杂，损益增减，而知成矣。谛审谛观一切诸念，莫非由前尘印象而起；使无印象，决无观念；如盲人不知有色，聋人不知有声，如斯之类，不遑备举。

虽然，诸念在心，本非偶合，亦非散乱，中有法焉，维之系之，使各念次第引起，不相凌越。是法伊何？谦谟谓之为联合观念（Association of ideas）。别之有三：一曰相似法（Resemblance），如览画图而触旧游，见芳草而怀君子之类是也；二曰因果法（Causality），如月晕知风，础润知雨，月离于毕，俾滂沱矣之类是也；三曰相近法（Contiguity），如睹庐舍知邻村庄，对秋风而思莼鲈，一因地接，一因时近之类是也。循斯三法，念以类聚，由单纯转庞杂，而知以成。然虽聚念成思，而各念固自若也，杂而不浑，连而不贯，吾人觉其浑同，觉其

---

[1] "摩拟"，今作"模拟"。——编者注

联贯，则思所习熟（Mental habit），信如是耳。谦谟述知之理竟，乃进而论我。

谦谟曰：学之不进，在人师其成心，未遑综核名实；如执常执我，可以见矣。尝闻学者教人曰，物有真性，号曰实相（Substance）；人有真性，称曰真我（Ego or soul）；徒逞华词，不求理之当否，其贻误后学为何如耶！今请先遮执实相者曰，此实相观念，由知觉印象起乎？由反感印象起乎？若由知觉，必经官骸，则见自何官？作何状耶？眼官入者，必有色相；耳官入者，必有声相；舌官入者，必有味相。然实相玄妙，原离色相，六尘诸粗，岂容妄认。然则由反感印象起乎？曰是亦不然，反感内兴吾之情（Emotions）与欲（Passions），而喜怒哀乐爱恶，俱不足以表实相。（见谦谟所著 Treatise on Human Nature, Bk. I., Pt. I., §6）是故实相观念，诸性聚集所幻成也；执为实有，是妄认缘尘，无有是处。

主真我者，执亦非理。所以者何？"我印象"（Impression of a self）不见有故，诸印象生灭无常故。所谓我者，恒同之谓也，不可变坏之谓也。使我念非幻，则终吾生必常只一印象，恒同不变而后可。（"If any impression gives rise to the idea of self, that impression must continue invariably the same, through the whole course of our lives;……"见谦谟所著 Treatise, Bk. I., Pt. IV, §6）今精思谛观，所号之我，不出众缘。是以苦乐迭来，情感相续，息息迁谢，新新不留，于中求常住之我，了不可得。由是决知，我念非实。

谦谟恐人之惊怖斯言也，又恐学人信直觉可以知我，非其印象说也，乃用内观法（Appeal to introspection），反复证明我之不存。其言曰：吾尝潜心内察，冀遇所谓真我矣；乃热也寒也，光也暗也，苦乐爱恶也，尝蹈吾行，而此真我，终不离相。("For my part, when I enter most intimately into what I call myself, I always stumble on some particular conception or other, of heat or cold, light or shade, love or hatred, pain or pleasure" 见谦谟所著 Treatise on Human Nature, Bk. I, Pt. IV, §6) 当吾眠中，诸相泯矣；既冥然昧我，则我即同如不存。又设吾已死，诸念灭尽；然我既无见，我复无思，我复无感，无冤无亲，形骸消殒，我已断灭，尚何有耶？("When my perceptions are removed for any time, as by sound sleep, so long am I insensible of myself and may be truly said not to exist. And were all my perceptions removed by death, and could I neither think, nor feel, nor see, nor love, nor hate after the dissolution of my body, I should be entirely annihilated……" 见同前) 是故我者，诸念之暂束，诸念之聚集，乍合即离，迁流不停；执有常我，即同戏论。

真我既遗，乃说我念之由来。谦谟以为起于易迁，盖思流恒转中，念念衔接，相续不断，潜移不觉，误认同相。("〔The easy〕transition of the mind from one object to another, the smooth and uninterrupted progress of the thought along a train of connected ideas" 见 Treatise, Bk. I, Pt. IV) 譬如高山，平地拔起，壁立千仞，望之巍然，终古如斯。然风雨外侵，虫蚁内蚀，山潦时发，土壤潜崩，今日之山，已非昔山，而彼见者，不觉其变。又若大川东逝，不舍昼夜，吾人习见，谓河水宛然，无异昔时。盖一则因密移而不觉异，一则因顿变而不觉异，皆其例也。我见之误，与此何殊。

谦谟此论，可谓博深切明者矣。虽然，犹未圆也。尝试论之，其所持以破我之第一义曰，无印象不成知，吾心求"我印象"不得，是以知无我。则诘之曰，我固不可以见见，我独不可以情感知乎？情感者，固谦谟所认为反感印象者也。护谦谟者答曰，情感为印象固矣，然真我必具恒常性，今印象中无恒常性，故灼知无我。乃就其恒常性重叩之曰，意者吾生全不识恒常性欤？不然，则不解恒常性义者也；不然，则有恒常观念，而无恒常印象者也；不然，则固有恒常印象者也。不识恒常性，则恒常之名不立；不解恒常义，则恒常名虽立同不立；有恒常念而无恒常印象，则与论主所持相违；有恒常印象，则决定有我，又论主所自许；使斯四者有一不谬，则恒常证我之说破矣。

复次，谦谟内观之澄，理亦未充。昔狄卡尔尝论是矣，曰：我思故我存（Cogito ergo sum）。何以故？疑我不存，必有疑者在；疑此疑者，又必有疑疑此疑者在。由此推之，至于无穷，因此证有我。如谦谟说，则所疑固非我，疑者亦非我矣；既无我在，知无者谁？有所无能，于义有滞。

其谓我念之起，由于心之易迁，立词虽巧，亦无当于理。何者？夫所谓迁，必居于不迁之中，其迁乃显；诸相旋离旋合，则是无常；无常，则有去而无迁；今执心有迁法，直不啻认有"相续我"存。是又谦谟所不及料者也。

后 20 年而康德起。

康德（Immanuel Kant）者，德之东鄙人也，栖迟衡门，冥探性理，初宗峨尔孚（Wolff）理性哲学，后读谦谟书，好之弥笃，喟然叹曰："是觉我于独断梦中者矣。"（Aroused him from his dogmatic slumbers）乃博涉英法学派，著《纯净理性批判》（Critique of Pure Reason），《实用理性批判》（Critique of Practical Reason），《审定理性批判》（Critique of Judgment）三书，博大精闳，成一家言。以为知有域而理有穷，故知有所不达，理有所不明；苟越此范围，则近独断；独断固学者之所忌也。其书如听狱爰书，两造陈词，咸不得遁其情，是者存之，非者黜之，故谓之批判云。

康德斥谦谟之印象论，谓取一偏而遗其全，义有不完。盖印象起知，而不生知。印象如原料，感性如模型，必范之成形，始有观念。有观念矣，犹未备也，又必心有思维，始成概念；徒有观念，则盲不辨物；徒有概念，又羌无故实；观概二念，合乃成知，如轮与毂，具一不行。今谦谟知有感而不悟有感性，其说非极成。

观物必有方所，而空间法（Space）起；见事必有先后，而时间法（Time）起；此时空二法，其有"先性"（Apriori），是以别于感觉。何谓先性？先性者，"普遍"（Universal）之谓也，"决定"（Necessary）之谓也。遍摄无漏，斯谓普遍，不容有异，斯谓决定。此时空二法，皆有先性。譬如每一刹那，必与已去未来，相待而立，空间亦尔，如作圆形，不离周径。复次此时空二法，乃是主观，本非实有。所以者何？识不出心，所谓识者，识其在我。二法既具先性，是必可识；既可识者，必不离心；若有自性，离心实有，必不可知；既不可知，云何断其有先性？复次，时空非实，亦由习见，可以证知。譬如时者流而不返，而吾人记忆往事，辄视昔为今。又二物不并容，常人共喻；而数理则谓一三角形中，股（Base）能作之线，皆可交于顶角（Adex）；是皆矛盾自陷，有违现量。是故当知时空二法，本系心生，都无自性；因感色尘，起此方便；色尘若灭，二法随亡；尘在感无，法亦不起。

吾人观念，既由时空二法，织感而成；使漫不相属，则纠纷莫辨，必有他法，联之贯之，乃得成知。此综合法，康德号为范畴（Categories）。共有十二，略之得四：一曰"总持"（The category of totality），今有一物于此，嗅之则香，触之则圆，尝之则甘，总诸色尘，成一合相，吾知其为橙，此"总持"之用也。二曰"第别"（The category of degree），印象有浓淡浅深不同，由此差别，遂生比较，复因比较，乃起分别，是谓"第别"。三曰"因缘"（The category of causality），此现象世界，无无因之果，亦无无果之因，虽不能断为孰因孰果，然决知必有因果；盖秩序先后，皆是因缘法，舍因缘则不能成思，思不离伦故。四曰"互连"（The category of reciprocal connection），如累石成垣，垣者石之都也，然必石石互连，乃成垣用，故曰"互连"。因缘法不能转，如果不前因，今不先昔；互连法则可转，如由左推右由右至左，无不如意；此其别也。此十二范畴，皆具先性，普摄一切，决定不异，依识而生，本无自性。所以者何？吾人思维，不离对待，物性如如，迥绝名相，不可识故。此于说时空法时，已阐明斯义，易了之理，无待重申。

此现象世界，虽森罗万有，交错纷纭，苟微细审详，不离感觉对待二事。纯系主观，不在心外，我为作者，是故识彼。此作者我，康德谓之为"综合观念谛"（Unity of apperception）。一曰"此我思者"（The "I think"），一曰"识我"（The conscious self），又曰"玄我"（Transcendental self）；特立多名，欲以别于"经验我"（Empirical self）。经验我者，偶因杂感，不觉识动，刹那之间，幻此自相，变随境迁，是以幼时之我，不同衰年，健时之我，又异病中，此我既灭，新我复生，念念迁改，不得留住。谦谟谓我为和合相，盖指此也。

玄我乃此甚深微妙"识精"（The essence of recognition），圆融周遍，不变能同。使无玄我，即无"合识"（Synthesis of recognition），则世间无复有"同相"，则吾人常语，谓"此景不殊于昔""此调同于前声"，皆失意义。何以故？今日之念，异于昨日，念既不接，宁能相同。复次，诸念相属，成此现象世间；此相属法，非属念有。何以故？一刹那中，一观念已谢，他观念未生，念念之间，无所牵系故。而此属法既系主观，亦非"物如"（Things in themselves）所有，则属之者，舍玄我外，其谁属耶？

虽然，此不过证有合识而已。至于玄我实相，则不可以知知，不可以见见。何以故？知不离感，心起时空范畴等法，织成此感，乃能成知；今此玄我，非感非相，是诸法等，无所用之，是故不可知。又知不离对待，既有知者，必有所知，方能成知；今玄我浑然主观，有能无所。如玄我而可识，则识者是此我，所识亦此我，我虽识彼（即玄我），彼还是我，彼又识彼，彼仍是我，穷之不尽，闷若无端。是以玄我，同诸物如（Things in themselves），寂寥恍惚，绝象离名，不可以有心知，不可以言诠得，执之为存，则迷常见，斥之为不存，又堕遍空。是以神家言有，质家言无，或断或常，两皆有咎。

虽然，我不可知，此就纯净理性中胜义言耳。若以世法言，苟无我者，将凭何以修持，超凡入圣？故康德于《实用理性》中，立"我应者"（The "I ought"），以为吾人立身行事，此我应者，无须臾离。尝曰："他不可定，惟道义轨持在，则可定；我不可知，然我应为其是，则可知。"（"One certainty remains the certainty of the Moral Law. One certainty I know that I ought to do right" 见 Royce. *Spirit of Modern Philosophy*，p. 132）无所假借，无所因循，人之所以为人，赖有此耳。先师罗夜师（Royce）读而赞之曰："于色尘疑惑，交相倾覆之中，而此胜理，卒能重立世界，使道义不坠，真理复存于天壤间。非夫抱必成之愿，顺理性之。"

　　译者按：康德三批判中，以《纯净理性批判》为最精。其书渊玄而难闻，河汉而不测。闻苦思冥索垂 20 年，乃下笔属词，不及三月而成书。故言简而晦，颇病词不胜理，虽穷年披诵，犹苦难通。论渡英伦，译凡三本：一为 Meiklejohn，一为 Maxmüller，又一为 Watson。则系择译，非其全书。为之注疏者，则有 Edward Caird，J. H. Stirling 诸家云。

体验哲学浅说

李石岑 著

基尔克哥德

一、绪　言

无论何事，无论何人，没有用一副最大的情热去对付，是不会发生效果的，也不会得到感化的。情热是抉发真理的源泉。除了用情热去作一种体验的工夫，不会有第二条发见真理之道。我们的真生活之筑造，完全以情热做基础。青年的事业是要用青年之血和青年之泪迸泻出来的。除此别无第二个方法。许多的大事业家、大学问家所以得到最后的胜利，便是由于他们有一副最大的情热在内面燃烧着。佛法何以能弘扬，便是由于释迦牟尼49年生老病死之体验，进化论何以能传播，便是由于达尔文（Darwin）30年科学证据之搜集。没有最大的情热在内面燃烧着，决不能形成一种主张，决不能得到最大多数之理解与信奉。所以哲学上无所谓问题，情热即是问题，无所谓真理，人格即是真理。这便是体验哲学的要领。

体验（Erlebnis）和经验（Erfahrung）不同。体验乃超越主观客观，仅活动于情意之人格的经验。欲把握生命之本质，仅恃客观的学问与经验，是不适用的；这非有发于内心之恳挚与诚实，燃于内火之真情与热爱不可。所以迪尔太（Wilhelm Dilthey，1833～1911）认体验是一种冲动，是会生起、发展而消灭的东西。这决不可以和客观的学问与经验相提并论。李克特（Heinrich Rickert，1863～1936）也认体验是主客未分的认识以前的经验，是整个的东西，和迪尔太的意思不甚相远。质言之，体验与经验之别，体验是一种冲动，是出于内火之燃烧，是带有直接经验的性质。如果把经验作广义的解释，则体验亦为经验之一种；如果把经验解作客观的事物之认识，则体验与经验大有区别。哲学如果和生活隔得太远了，那么，哲学变成一种好奇心之享乐，变成论理的游戏，变成巧妙的编织工作的细业。这在现代是不需要的。所以体验哲学有讲明之必要。

体验哲学（Philosophie des Erlebons）乃以体验为出发点之哲学。认哲学者之人格，比他的哲学体系更伟大。认哲学者不重在问题之说明与解决，而重在问题之发见与思量的那种情热，及其处置问题与努力于解决问题的那种态度。换言之，即重在人格的体验。体验哲学不是求客观的真理，乃是求人格的真理。具有浓厚的人格的色彩之哲学者即具有某种强度与深度，这在体验哲学以外是无法达到的。体验哲学完全出于一种严肃主义的精神，以"生存之严肃"（Ernstede Daseins）为其哲学之神髓。但这里所说的严肃主义，却与康德（Kant）一流的严肃主义完全异趣。这是以情意做基础，不是以理性做基础的。体验哲学直到近世方才产生。

体验哲学之唯一的代表者,是基尔克哥德[1](Sören Aabye Kierkegaard,1813~1855)。他是一个诗人的哲学家。在普通哲学史上不见有他的位置,这是哲学史家的耻辱,不是基尔克哥德的耻辱。他虽在哲学史上没有享到普通哲学家所享到的荣誉,却是在人类史上享到普通哲学家所没有享到的荣誉。他是一个主意论的先驱者。他曾受到叔本华(Schopenhauer)的影响,对于叔本华的著作,浸润很深。他将主意论发展在"生存之严肃"一方面,但20世纪初头将主意论发展在实用主义(Pragmatism)一方面,这是20世纪初头之大谬误。实用主义与基尔克哥德的思想有相类似之处,但严格言之,却大有不同。他们的不同点,乃在价值之源泉上面。实用主义以为只要具体的经验的能够满足要求者,不问内容如何,皆有价值。基尔克哥德的看法则不然。他是由对于绝对者之理想之情热而估定价值之高下,说明生活之尊卑的。实用主义似乎只徘徊生之外表,基尔克哥德则跃进生之本质,这是一个根本不同之处。

基尔克哥德的哲学完全是他的伟大的人格的反映。我们如果要玩味他的哲学,必须先玩味他的生活。他的性格常相矛盾,他具有忧愁与快活,愤怒与温清,沉静与激昂,执着与不羁之种种相矛盾之性格,他这种性格立刻反映到他的哲学上。他惟其具有如此卓越优异之性格,因此才有如彼卓越优异之哲学。他曾在物质的苦痛与精神的压迫之下,过一种艰辛而倔强的生活,所以他诏示我们的哲理,亦满带着艰辛而倔强的气分。他不想对于学术界有所贡献,他只是对于人类全体而谋提高。最

一、绪言

---

[1] "基尔克哥德",今译作"克尔凯郭尔",下同。——编者注

先使自己生命之锻炼与昂奋,再引到全人类生活之向上与发扬。所以与其说他的生涯是建造一种新哲学,毋宁说他的生涯是建造一种"自己的真生活"。因此,对于他的生活之叙述,是比对于他的哲学之叙述还重要些。现在进述他生活的梗概。

二、基尔克哥德小传
（Kierkegaard，1813～1855）

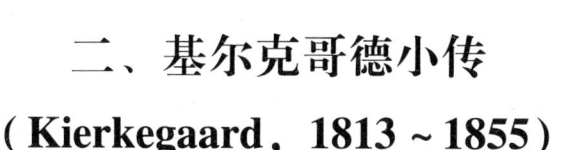

基尔克哥德以1813年5月5日生于丹麦之科本哈根（Kopenhagen）。比脱尔斯泰（Tolstoi）早15年生，比尼采（Nietzche）早31年生。当哥德（Goethe）死时，他才21岁。在时代之关系说来，他不免要受到哥德的影响，正由我们不免要受到尼采的影响一样。他生当哥德、黑格尔（Hegol）、叔本华、诗来尔马哈（Schleiermacher）之后，所受浪漫主义的刺戟很深，这是无庸为讳的。然而浪漫主义失掉生活之刚健，他却是以生活之刚健为其思想之中心要素的。浪漫主义偏于放恣与享乐，他却是特重虔诚与严肃的。他和他同时代的又同属丹麦而最负盛名的浪漫主义的作家安德尔生（Hans Christian Anderson，1805～1875）相比，正好表示他们的不同点，安德尔生是属于过去的，基尔克哥德是永远属于现在的。因为基尔克哥德的精神永远是现在的。基尔克哥德的精神，完全是新浪漫主义的精神。

哲学家的气质常受风土与气候之影响。大抵南方温暖，因此气质偏于快活，北方严寒，因此气质偏于郁闷。前者感觉锐敏而富冲动性，后者感觉坚硬而富强烈性。丹麦属于北方，与苏俄为比邻，其阴郁沉着的气候，因以产生阴郁沉着的人格。故基尔克哥德之产生，原非例外。重以基尔克哥德绝好孤独，其性格更与其环境相为消长，因此产生基尔克哥德独有的诚实与严肃，而发为伟大的悲剧的生活。于是丹麦民族的特长，立刻反映到基尔克哥德的人格本身。

基尔克哥德的父亲是一个毛织物的商人，曾经受过许多的痛苦。据霍甫丁（Harald Höffding, 1843～1931）的记载，他的父亲40岁的时候，已经不营商了。后来还研究过哲学，尤其对于德国哲学家沃尔夫（Wolff）的哲学，很热心研究。但据布兰德斯（Georg Brandes）所考察，以为此年老之织物商人，并不曾作过甚么研究。只不过是一个有虔诚信仰的人，而且带些村人的根性。这些特点，都影响到基尔克哥德。这两说当以后说为确。基尔克哥德是当他父亲57岁的时候所生的第六子。他共有兄弟四人，姊妹二人。其时母亲也有了45岁。基尔克哥德因为生时父母皆已年老，故陷于虚弱而趋于早熟。他虽正在幼年，却失却了幼年的情趣与快乐。于是在不知不觉之间，即为忧郁之气分所包围。重以父亲耽于空想而困于愁闷，这些都在基尔克哥德的性格上着了一个最深的痕迹。

基尔克哥德对于他的父亲，多少感觉着不满。他们父子之间慈孝的问题，立刻变为最痛切的人性的问题。凡属父亲对于自己的生殖，都是应该负责任的。我们招致一个人类的生命而来到于地上，这是何等重大而严肃之事。如果做父亲的没有这种严肃之感，那是一种最卑下的人类，那是对于生命之侮辱。所以尼采说："最下劣的人类，应该不许生殖，这个禁令，应该比杀人的禁令还看得重要。"没有创造意志的生殖，只是污蔑人性。爱是创造，没有爱的创造是虚伪。父亲对于儿子之责任之感，即是将来孝道的根据。基尔克哥德的全生活，完全受了他父亲的影响。基尔克哥德的青春，因了父亲的缘故而完全被夺去。不过基尔克哥德却仍是爱他的父亲。基尔克哥德从父亲所受到的不幸，到后来便以这种不幸给了他的恋人。

基尔克哥德从父亲所受到最大的遗传，是忧愁。他的生活是忧愁、恐怖、哀伤、快活、欢喜、消沉、兴奋等之交错，而以忧愁为其基调。他在20岁的时候，已经把后来的忧愁的气分充分地表现出来。他虽兄弟姊妹颇多，可是都不幸夭折，只剩下一个长兄，因此忧愁的气分益发浓厚。他本是富敬虔的心情的一个少年，可是这时候常孕着不少的怀疑与绝望。他常这样说道："怀疑是思索的绝望，绝望是人格的怀疑。"他由怀疑与绝望的结果，使他对于生活的意义感觉得毫无着落。然而基尔克哥德的欢喜与愉快，即于怀疑与绝望中产生。他是同时抱有这两种心情的。在悲哀的黑色的薄纱之下，呈现出一种欢喜的金黄色的花朵，这便是基尔克哥德的生活的写照。这即是尼采所谓伟大的悲剧的生活。在这种生活里面，才能见到实在的真义，才有根本意志之进展，才有权力意志之奔腾。基尔克哥德之人格的体验的哲理，遂于此处而得产生。

对于基尔克哥德的生活所给与最深的影响的是二种力，即父亲与恋人。父亲给与他以不幸，他却给与恋人以不幸。他的恋爱生活，从外面看来，是极平凡的，然而对于他的内生活，却有极大的意义。几乎可以说他的全人格都为这段恋爱生活所摇动。他的著作也几乎可以说全部分都是表示恋爱的苦闷的痕迹。他从 30 岁起所发表的五部著作，都可以说是把这件事做主要的题材的。他以绝大的悲哀，几沦于死之渊底，然而毕竟得以不死者乃徒为著作欲之结果。他自舍弃他挚爱的恋人之后，只一年的光景，他便把他的第一部著作《非此即彼》（*Entweder – Odor*，1843）的大部分写成。到这部书出版的时候，他的第二部著作又将问世。他是这样的才遣送他的余年。他的恋爱的消息，主要的表现于他的遗稿及《非此即彼》与乎《人生行路之阶段》（*Studien auf dem Lobenswege*，1875）二书。自然其他的著作都可以做参考。《恐怖与战栗》（*Furcht und Zittern*，1843）一书，是他借着亚伯拉罕和以撒克的谈话而剖示他对恋人的心理的。《反复》（*Wiederholung*）一书，亦是描写他自己舍弃恋人之苦闷。《忧怖之概念》（*Der Bogriff der Angst*）一书，更借亚丹与夏娃堕罪之物语以表示他自己的性欲观。所以他的著作，几乎没有一部不与他的恋爱生活发生关系。他是最嫌恶生活之廉价的妥洽与调和的，所以力倡《非此即彼》。然而这并不是表示他的生活已经统一，乃是表示他的生活日在战争中。所以他的著作便是战争之记录，便是胜败之说明，也便是战士之传记。

现在略述基尔克哥德恋爱经过的梗概。基尔克哥德的恋人雷基芮，是财政部会计局长一个季女。那时基尔克哥德 25 岁，他的恋人才 16 岁，是 1837 年之事。他们彼此的爱情都达到白热之点。但基尔克哥德究竟是一个富于宗教性的人，是一个带有忧郁而极严肃的人,是生于恐怖与战栗之间,对于生之厌倦与无意义,已有了深切的感伤的人,这种人对于恋爱生活是否适宜,确是一个疑问。然而他们的恋爱生活,仍是日进不已的。1840年夏,基尔克哥德正在国家试验完了之后,遂拜访雷基芮之家族。这时雷基芮已19岁。他这次拜访,引起了她家族不少的注意。他的态度,他的言谈,他的关于艺术与哲学的议论,很引起了雷基芮和她的兄弟不少的喜悦。尤其是以心理观察者之基尔克哥德,特别的能够捕捉雷基芮的内心。其时尚有史勒格尔(Schlegel)其人,与雷基芮亦相友善,与基尔克哥德正同时拜访。他们两人对谈之下,立刻可以感到基尔克哥德之才气焕发,优于史勒格尔万万。但世事难料,雷基芮终于与基尔克哥德不能结合,而不得不与史勒格尔作终身伴侣。基尔克哥德自此次拜访之后,与雷基芮益相爱好,几为其家中之常客。因为十分亲密的结果,遂使基尔克哥德刻不容缓,决定与雷基芮缔结婚约。但在基尔克哥德的性格,安住于少女之恋之心,决敌不过他的安住于永远之思慕之心之强。他在看到自己的恋人绝美的时候,反感着自己是最不幸;他在感着恋人的美的肉体魔力最大之时,反生一种战栗和畏惧之心。于是他们的婚约缔结不久之后,即发生一种动摇。在基尔克哥德受到他父亲的精神的素质之余,岂容易摆脱矛盾与忧郁的情调。结果终使基尔克哥德对雷基芮不能不表示十分的冷淡,至于宣告为恋人之幸福前途计,不能不破弃婚约。基尔克哥德认为为恋人计,为自身计,破弃婚约,实是上策。自这种企图决定之后,基尔克哥德遂缮好一信寄去,并将婚约戒指送还。在雷基芮方面,失恋的悲痛,固难以言宣,但在基尔克哥德方面,亦含孕着绝大的苦闷。一面对雷基芮抱有一种隐痛，一面自身受各方亲戚友好之责言，而最大的苦闷乃是自己何以有此一种怪异的性格，至于自己不能克治自己。他自和雷基芮别离之后，虽曾彼此遇着，但绝未交谈。而雷基芮失望之余，至于不能不与史勒格尔结婚。1855年春，史勒格尔被任为西印度长官，雷基芮与之同行。临行时，雷基芮酷欲与基尔克哥德谋一面，幸得一见，但基尔克哥德并不知其有远行。他们这次会面，遂成为最后的握手。而基尔克哥德即于是年11月11日死去。时基尔克哥德年42，雷基芮33。

关于基尔克哥德生活的梗概，大体述竟。基尔克哥德所以对生活如此认真，完全由于他具有一种特具的诚实与严肃之结果。他的生活是极平凡的，然而由他的性格之优异，遂有此一段极不平凡的生活。他的著作，即是他的体验之结果。他的言论与他的行事是一致的，他的学问与他的生活是一致的。因此他的哲学，遂别成一个体系。虽出于主意论的思想而与实用主义一流的主意论完全异趣，他是以生存之严肃为其哲学之根本归趋的。现在进述❶他思想的梗概。

---

❶ "进述"，疑为"讲述"。——编者注

三、基尔克哥德思想之发展及流派

基尔克哥德是丹麦第一流的哲学家,关于丹麦哲学界的情形,可在此作一简单的叙述。在宗教改革前后,德国思想发展极速,欧洲各国,几莫不受其影响,而丹麦与德毗连,当然所受感化更大。自康德产生以后,丹麦的思想界,遂得一度发展;及到了19世纪,祖述谢林(Schelling)、黑格尔之说者日多,于是丹麦的思想界,更有一度变化。有史推芬士(Henrik Steffens)其人者,他虽是挪威人,可是在1802年,他曾来到丹麦首府科本哈根,倡谢林哲学,主张万有[1]皆有生命,宇宙间有一大目的存在。后来继承史推芬士者是格朗威克(N. F. S. Grundtvig, 1783~1872)。他是一个有名的诗人和神学者,他是将谢林哲学和菲希特(Fichte)哲学作一种调和的发展的。他以为诗与宗教和学问,是从同一的根柢出发,不过发展之方向有不同而已。无论在何时代,有那时代的特色;无

---

[1] "万有",疑为"万物"。——编者注

论在何国的国民，有那国民的特色，结果都是促进各种的发展的。世界无一物是无意义的存在。离开活的事物，徒作抽象的研究，并不是哲学的本旨。和格朗威克同受谢林之影响，而别应用自然科学研究之结果以发挥一种特色的，是脱勒叔（Niels Treschow, 1751~1833）。脱勒叔以为物质与精神不过是一物之二方面。身心之作用，并不是身作用心，心作用身，有一种因果的关系存在，身心不过是一种连续的活动。自一方面见之，为精神的现象，自他方面见之，则为生理的变化。自然界一切变化只是自然力之发现，而所谓自然力即神力。精神与物质二者，并非相反之物，只是发达之差。由人而动物，由动物而植物，细心察之，亦只是发达之差而已。这种思想，到了爱尔斯特（Hans Christian Oersted, 1777~1851）的时候，更作一种明了的发展。他也是认自然界之不断的变化为不断之活力之发现的。其见解多与脱勒叔相同。继承脱勒叔之讲席，在科本哈根讲哲学的乃是齐伯伦（F. C. Sibbern, 1785~1872）。齐伯伦之学说，一仍脱勒叔之旧，但齐伯伦有一种特色，便是具体的研究之尊重。他以为你只要把自然界和精神界许多的事实去研究，便立刻可以发见都只不过一种活力之发现。所谓精神即是一种精神的活力。他这种思想在丹麦哲学界很发生一种力量。在他的思想中已有许多黑格尔思想的要素，后来到了海伯尔克（J. L. Heiberg, 1791~1860）的时候，遂整个的输入黑格尔的哲学于丹麦。海伯尔克产生以后，丹麦的哲学界始有两种显明的相反的潮流。一种是倾向黑格尔的，一种是反黑格尔的。倾向黑格尔的当然是海伯尔克。他认万有之变化即理性之发展。现实世界以外没有甚么理性存在。宗教与哲学是合而为一的东西。他这种主张，虽然也有些人赞成，毕竟敌不过反黑格尔派之有力量。反黑格尔派首要的是基尔克哥德，此外如闵斯特尔（J. P. Mynster）、麦勒尔（P. Möller）、马尔腾生（H. Martensen）诸人皆为反黑格尔派之健将。即此可知丹麦的哲学界是从康德的系统出发，由谢林至菲希特，更至黑格尔，到了黑格尔的时候，遂分途发展，成功哲学界的现势。丹麦哲学有一种特色，便是现实之尊重，这从史推芬士而至格朗威克、脱勒叔诸人都是如此。基尔克哥德更是现实之极端尊重者，他之反对黑格尔，即以现实为主题。丹麦哲学大抵推重谢林，故泛神论的色彩很浓厚。但基尔克哥德却极端反对泛神论，这点表示他最大的特色。总之，基尔克哥德思想之发展，固与丹麦哲学界有关系，但基尔克哥德又自有其来源。

基尔克哥德也和许多丹麦思想家相同，研究哲学和神学。他从1841～1842年曾到德国旅行，观察一切，其后，遂回到科本哈根，专作著述的生涯。他的性格与哈曼（Johann Georg Hamann，1730～1788）、保尔（Joan Paul）、尼采诸人相类似。尤其在力说感情、主观、个性、人生之价值等处，与哈曼、尼采诸人更遥相会通。且与美之詹姆士（William James），英之席勒（F. C. S. Schiller）之实用主义，亦多相类似之处。他的思想之发展，又与费尔巴哈（Ludwig And reas Feuerbach，1804～1872）、群冷德伦堡（Friedrich Adolf Trendelenburg，1802～1879）有深切的关系。尤其是费尔巴哈，在讲无神论之处，实有许多暗相印证。他认一切人类的真理及思想，都是主观的相对的。并谓实在不能由抽象的认识而达到，乃是一种之冒险。故精神生活之发展，非生温的渐进的，乃为突飞的跃动。绝对的真理仅恃信仰方可得到，因此之故，信仰是生活最大的要素。但此种信仰，当别作一番解释，决不可与教会的信仰同日而语。

  基尔克哥德生平最服膺希腊哲人之教，尤其私淑苏格拉底之说。又对于基督教亦有深刻的研究，常欲调和所谓希腊思想与希伯来思想以指导新时代。故一方面排斥理性论的哲学，又一方面则排斥旧式的信仰，以促进新信仰，因此与黑格尔完全立于反对的地位。黑格尔是系统哲学之主倡者，基尔克哥德以为在吾人之思想虽能立一系统，但在实世界求系统之存在则大非是。系统乃论理之物，思想有系统存在者乃由于思索作用与抽象作用。如以思想之起源与自然之起源视为同物，则不免陷于独断。系统需要"制限"与"统一"，然与吾人相对之实世界，乃呈示无限之活动与无尽之成化。故实世界非包括于系统中者。思想与事实，判然二事；思想要不过为主观之物，学者若对此种区别不能辨明，即不免以主观的系统嵌入或解释实世界而陷入于泛神论。近代之哲学多陷入于泛神论者，职此之故。然主观的思想有客观的确实性，故与实世界得以联络。惟此仅恃信仰之力可以辨到❶。真理为绝对的东西，而吾人住于相对界，故欲达到真理，只有恃信仰之力。无限之神，表现于有限之人身，绝对之真理表现于时空之相对界，此则只有有信仰者方能知之。吾人平日以为伴人类之进步，自可达到真理，这全属妄想。我辈之事须我辈自身为之。欲得真信仰，须重新自我开始。

  基尔克哥德的哲学，可谓对于浪漫派思想家而发生之反动。故凡倾向于黑格尔派之哲学，基尔克哥德举皆反对之。海

---

❶ "辨到"，疑为"办到"。——编者注

伯尔克为首先介绍黑格尔哲学于丹麦之一人，故基尔克哥德亦对之举其反对之旗帜。基尔克哥德之重要信徒，有尼尔生（Rasmus Nielsen, 1809～1884），而其重要反对者则有布兰德斯，但皆对于基尔克哥德的思想有深切之了解。尼尔生的思想大有可注意的价值，当于次明之。布兰德斯则有大规模的关于基尔克哥德思想之著述。关于基尔克哥德之研究，以1879年布兰德斯之论文为最早。基尔克哥德在丹麦文学界的影响也很大，不仅是丹麦，并且旁及丹麦以外。譬如挪威的易卜生（Ibsen），便是受基尔克哥德的影响最大的。即此可见基尔克哥德在思想界的地位。

基尔克哥德之重要信徒尼尔生特别看重信仰。他以信与知为精神之二大作用。但信的根柢在吾人之生命中，知的根柢在外界之事实中。有生命故有活动有欲求，但欲求不知制限，所以可知意志原来是不合理的。惟自有信仰后，可以表示吾人有"无限之力之存在"，于是意志始感满足。若在知识仅为对于部分的事实一一加以统一的说明，故科学无绝对的价值。欲对于信仰的事实加以合理的说明，实不可能。故神学者之企图为愚人之业。尼尔生这种看法，亦自具特见。尼尔生而外，尚有力倡信仰之一人，便是布勒希奈尔（Hans Bröchuer, 1820～1875）。他曾将斯特老司（David Friedrich Strauss, 1808～1874）的《信仰论》翻译，以为宗教之目的不在知，亦不在行，只在精神之平和怡悦。他这种议论，也引起了一部分人的注意。总之，基尔克哥德的思想颇重信仰之发挥，后来到了基尔克哥德的流派，遂完全走向信仰一途。我们即此也可以看到丹麦哲学的特色。

三、基尔克哥德思想之发展及流派

四、基尔克哥德的认识论

基尔克哥德首先提出一个纯粹思惟[1]和现实的问题。他以为具体的思惟与抽象的思惟有别。他所谓具体的,即生的体验之意。他以为抽象的思想家只耽于思惟而忘却现实,根本就不知自身亦生存于此世间。所以抽象的思想家的生活,是一种极滑稽的生活。基尔克哥德这段议论,是对黑格尔而发,因为黑格尔是以抽象的思惟为其生活之中心的。由基尔克哥德看来,黑格尔的世界,不会有"非此即彼"的世界。在纯粹思惟的领域,如果主张有"非此即彼",如果主张有矛盾,那就不免于谬误。黑格尔是想用抽象之刃,将存在之内所包含的矛盾截去的。黑格尔是想用思想超越个人,他不知有所谓感情与意志,他不知个人生活之为何,他更不知伦理方面所含之高深的意义。他的世界里面没有抱着内生活的人类,人类在他看来,不过是思想过程之无意志的工具。这种思想,在以生之体验为

---

[1] "思惟",当为"思维",下同。——编者注

中心生活之基尔克哥德，如何能忍受。故极其所届，遂不得不谓黑格尔为论理之化物，为不通血脉之机械。此势之所必至者。

基尔克哥德为价值哲学之热烈的主张者。他以为一切哲学，只限于价值哲学之领域之内。他认哲学是体验之学，注重现存在的思索（existenziell denken），要是这样，才能使内生活发生影响。若由抽象的思索，专在"被思考的真实"（gedachte Wirklichkeit）上用工夫，则对于吾人之内生活，绝无意义。"被思考的真实"可以产生各种机械文明，可以造军舰、建大炮，对于外的生活之文化，发生巨大之影响，然而不能说"被思考的真实"可以对于生之价值发生摇动。在此点，基尔克哥德特别看重生活之具体的研究。他以为要素的研究固重要，但要素的研究之结果，往往把全体的个人生活看轻。我们的生活不单是要素之集合，乃是以具体的统一力而生活之者。离开具体的统一力，任你如何经验，都不免陷于抽象，而使吾人之生活失其根据。所以一切分析，在阐明具体的内容虽不无功绩，但如跃进分析的里面而不能自拔，则使生活失其诚实。

现实仅在伦理的存在之内。现实即是行为。行为之特征，决不是"外的"，乃是一种"内生活之过程"。生活于现实之人，必特别的执着自己。自己实现之努力，乃伦理的焦点。基尔克哥德所谓自己，乃是具有内奥之统一力的东西。概括的说，是灵与肉，有限与无限之统一体。所以只有实现自己的生活才是真的现实。基尔克哥德说："一般人总是笑僧院生活是非现实的，不知现在的学者生活，哪里又赶得上僧院生活？他们那些僧众虽然忘了全世界，却忘不了自己；若现在哲学者们整个的埋在纯粹思惟里面，凭空架造一个世界，简直把自己都忘掉了。"基尔克哥德便在这里提出他的认识论。他以为只有自己考察之伦理的认识，才是现实认识之唯一的方法。伦理的认识之对象只是自身。因为只有住于自身之内的，才是不能由思惟所知道的唯一的现实。在伦理的方面说，现实比可能性重要，但在与存在无关心之美的知的方面说，可能性比现实重要。然而既谈到认识，当然着重现实，着重个人自身之内的现实，这是基尔克哥德的看法。

思惟与现实之关系，基尔克哥德有这样几种看法：（1）思惟与实在不是同一的。我思不必我在，我思没有我在那么确实。存在属于个别之物，思惟乃是抽象概括的东西。抽象概括的东西并不存在。如认抽象概括的东西存在，是舍实在而取思惟，是自限于假构之世界。（2）如单用思惟可以对付世间，则世间根本无矛盾，亦不必怀疑。万事都成了一般的规定而入于相关的系列。但这个论理的体系，只对于思惟有效验，对于现实，却是没有效验的。有些人由经验之后而造成论理的体系，如经验派，然而这里所说的现实的经验不过是感觉的假构，非真的体验。又有些人从经验之外而另造一个论理的体系，如理性派，然而先天的认识能力不能侵入于现实之领域之内。所以论理的体系仅能达到假构世界，这点我们不可不自觉。（3）实在无论如何，是不得和思惟并为一谈的。因为存在是在"时间"之内，是不断生成的。任是何物，没有静止停住的余暇，因为"认识的存在"和"被认识的存在"，都在不断的生成流动之中。假令其中有凝固之一物，足以供其抽象，则是其物已非存在。如此,实在既不得被思惟,即不能为思惟之对象。实在与思惟全然为各别的世界。人是向前生长而向后了解的。(4)基尔克哥德以具体的存在限于个物个人(das Einzelne)。谓现实不外为个人之内生。其所以谓思惟为假构者,因为思惟漠视个物,专向普遍与抽象之途而前趋。个人之根本统一力,与宇宙之根柢、实在之根柢实相通。生于生成之内之个人,一跃而为永远之神,此乃基尔克哥德最高之情热。于是论理的齐一,成为情热的奔放。基尔克哥德从思惟与现实的关系所决定的认识论的态度,约如以上之说明。

其次论真理为主观性。知的活动造成主观性,情意的活动造成客观性,这是一般人所信的。基尔克哥德的所信,则与此相反。他以为知的活动造成客观性,情意的活动造成主观性。"情意的"一语之内容,在此处不能不略示区别。前者专指人类的欲望感情而言,后者乃指自己之内生升进到永远地步之内部的努力。基尔克哥德以为主观的省察与客观的省察有不同。主观的省察之特长,是内面性之执着,是自己沉潜,与向空想的自我专作思辨者有别,与从现实而隐遁者亦有不同。客观的省察则与此相反。以主观为偶然的,其对于存在则常冷淡。所以客观的省察每成为抽象的思惟,或成为数学,或成为种种历史的知识。客观的寻求真理之时,真理成为认识者所关系的对象,吾人乃对于对象而为客观的省察。吾人所关心的是此物。这时对于关系并不加以省察,只对于所关系的真理加以省察。如果所关系的此物成为真理之时,则是主观在"这个"真理之内(in der Wahrheit)。若主观的寻求真理之时则反是。吾人只求于个人的关系而为主观的省察。吾人所关心的只是关系如何（das Wie）。如果这个关系是在真理之内，则个人所关系者就令为虚伪，亦认为是在真理之内（in Wahrhoit）。这两个不同点，前者是 was 的问题，后者是 wie 的问题。所以基尔克哥德的真理，不是某种一定的东西，乃是一种态度，乃是一种情热。基尔克哥德因举神之认识作例。如在客观的省察，则必省察何者为真的神；如在主观的省察，则必省察个人如何与神造成一种关系。前者仅用冷静之头脑，以发见一个近似的客观之神，后者乃由内面性之无限的情热以把捉神之真髓。基尔克哥德所注重的乃在内面性之无限的情热，至于神究竟是甚么东西，他所不问。他以为规定神是甚么，是最蠢不过的事情，讲究甚么教会、仪式、教理、信条，是最蠢不过的事情。基尔克哥德以为自己的内生活是主眼，神之有无是极不关轻重的事情。所以极其所届，基尔克哥德成为一个无神论者。关于此点，以后当再说明。

客观的省察集中于 was，只问思想之规定；主观的省察集中于 wie，只问内面性之情热，上面已有说明。内面性之情热达到最高度，成为无限之情热，无限之情热即真理。然无限之情热为主观性，故主观性即真理。真理只在人格之内面性与力之内，并没有甚么内容。基尔克哥德以为无限性之情热是决意的东西，所谓内容就是这个决意。客观的东西就没有这个决意。客观的内容不是"人"，而是"影"，不是生活，而是思想之游戏。真正所谓信仰，在不认识的时候，在不理解的时候，惟其不理解所以信仰。真正理解的时候，信仰就会消灭。所以既经信仰以上，无所谓客观的确实不确实。我们对于最高者唯一可能的关系，只是思慕。我们对于最高者正和对于恋人一样。其现实的内容只是情热。由炎炎不绝的情热，可以产生爱与真理。所以真理之标准，不是普遍效验性，而是看个人的人格之内生其感动程度如何。在此点我们可以看到基尔克哥德的思想与实用主义不同。

最后论神之观念。基尔克哥德关于神学的见解，所受费尔巴哈（Feuerback）的影响似很大。他以为神不是 was 的问题，乃是 wie 的问题。他之所谓神，不是旧约的神，也不是新约的神，是没有任何规定的，是任何物都可以充数，只不过是信仰之对象而已，无限性之情热之对象而已，却不是知识之对象。费尔巴哈以为神是将自己愿望之对象而使之理想化，因认之为与自己相对立之实在。其实神便是自己，质言之，是无神。基尔克哥德以为神是无限性之情热之对象，神只是刺激情热之物，其实神是专为自己而设，质言之，亦是无神。基尔克哥德的神和费尔巴哈的神，都只是一种发酵的作用，主眼在自己，在自己之提高，神完全做了人间的工具。

基尔克哥德以神为人类之教师，谓神可以使人类从自身引出真理，却并不是教人类以真理。真理本宿于人类本身，只须神去触发他们，去给他们一点机缘，于是人类即可获得真理。神是人类之镜，人类在镜子里面可以看到自己的姿态。神之语言直接可以刺激到自己的心脏。神与人类即是心脏与心脏相接触之教师与弟子。于是神人之关系，非认识之关系，乃爱慕之关系。在此处我们可以看到基尔克哥德受费尔巴哈的影响很大，却是已经建立了自己的思想。关于此点，容在下面详论之。

基尔克哥德的认识论大体述竟。他是极端排斥思辨而尊重情热的。由他论思惟与现实的关系，由他论主观性之真理与神之观念，都可以看得很明白。他所谓认识不是用思惟去认识，乃是用全生活去认识，乃是用无限之情热去认识。关于这点，我们更要从他的心理学去研究，才能了解他所谓"伦理的认识"之真义。

五、基尔克哥德的心理学

基尔克哥德的心理学比他的认识论，更占重要的地位。他提倡一种伦理的心理学。他之所谓认识是伦理的认识，凡他所观察的都是以实行的生活为中心。在这点说来，他的心理学，并不是一种纯粹的心理学，他并不是以人类的心为客观的观察对象的。他的心理学专考察飞跃、忧怖、绝望这一类的事实，这都于实行的生活很有关系。他的哲学主要的在他的伦理学的部分，但欲了解他的伦理学，非先了解他的心理学不可。现在依次阐述之。

许多人以为精神生活之开展是连续的，渐次升进的，这点基尔克哥德不以为然。他以为精神生活之真正的开展，只由飞跃才有可能。人类凡是升进到某一步的都是突发的。在前一瞬间并未现实，而到次一瞬间，忽达到现实的地步，前后二瞬间，性质完全相异，这种事在吾人日常生活间都可以经验到。人类并不如自然现象所见的具有某种萌芽而为渐次的开展，人类之升进某阶段，是由性质的变形而为突发的。此突发而非连续的特质即为飞跃。惟飞跃虽带有突发的性质，却不是前后二瞬间绝无关系。新的状态以可能性而存于旧的状态之中。但此可能性不能看作新的状态之萌芽。可能性与现实完全异其性质。例如我们可以想象基督的生活和盗跖的生活，这两种生活在我们里面有可能性，但不能说在我们里面有基督和盗跖的萌芽。使徒保罗知道基督教徒的生活，然而不能说他便是基督教徒的萌芽。在知识与憎恶之内，有信仰与爱之可能性。此可能性成为现实，须有某重大的瞬间之飞跃。在飞跃之前尤须有"时的充实"一个条件。

在小小的范围内，我们可以经验着这些事实。我们对于某种事物觉得知道一点，但经过某瞬间之后，觉得对于某种事物又重新知道，这就可知第一瞬间所自以为知道者乃是虚妄。这是时间不充实的结果。这个如用心理学说明，便是这样：无意识之内，意志的某倾向渐次成熟，达到某强度时，突然上于意识。这种心理学的说明，当然是真实的，不过在这里却不能说明飞跃，因为这是徐徐长成的。但须知道，在无意识之内，吾人无从直接认知，若在体验之内，则必以突发的飞跃而表现。在实际上生活必达到某瞬间，始能焕然一新。基尔克哥德所说的飞跃，便是这种意味。所以飞跃之前，"时的充实"实为一重要的准备工夫。

基尔克哥德特重"重演"一个概念，可能性之物在新的现实之内，可以重演。但重演没有飞跃是不能得到的。重演在普通意味说来，是把经验或存在的状态、情调、运动再三重复起来，但这不是基尔克哥德的意思。基尔克哥德所谓重演，完全导入新生活，与此处所说的迥然不同。（Wiederholung 译作"重演"，或译作"反复"，均不甚恰当）Wiedorholung 本有 Wieder‐holen 之意，即"再拿回"之意，即将人类本来的自己、真实的生命、本体等再拿回之意，即柏拉图所谓爱慕之对象。然所谓再拿回，势必是已经失掉过的，则"堕落"之观念即由之而生。然则此处所谓重演，即是已堕落之人，一旦开悟而入于真实之生活之谓。所以飞跃即是顿悟。重演如果用在一般意义上，乃是将所意欲之事而实现之于行为之意。人不可一味思考而当求其实现，这便是重演的生活。所以飞跃为实现之必具的条件，而重演的生活常为崭新的生活。

人格之向上发展，只有飞跃才能达到。所以飞跃关系人格极为重大。尼采之查《拉图斯特拉这样说》（*Also Sprach Zarathustra*）所描写人格之三种变形，谓由骆驼而变成狮子，由狮子而变成小孩，此种变形即是飞跃之意。由束缚于知识与因袭之状态而走向独立自存之主我主义，由主我主义而走向天真的自己之路，这种性质变革之径路，即是飞跃之径路。庞大事业之成功，伟大人格之表现，都非乞灵于飞跃不可。吾人想象中国之现状，十年二十年之后，有无改进之望，有无昭苏之一日，但我敢说，非用飞跃的方法，决无可能。惟其飞跃，所以能奏著效。世间之事，常有相反而实相成者。现代的世界革命，都是根据"飞跃"这种原理。惜此处无暇深论。

基尔克哥德在忧怖之概念里面进述飞跃之心理。飞跃之心理的解剖，在事实为不可能。飞跃乃直接而起，决不容许观察与了解。我们可以就飞跃前后瞬间之心理而观察解剖之。所以基尔克哥德特别对于飞跃前后所起之忧怖而加以一种分析。

基尔克哥德为分析起见，特取亚当的原罪做个题材。纯洁的人类如何会堕落，他在此处描写性质的变化之心理。不过他只是专说明那种心理，却并不是原罪与堕落之教理的研究。若从教理的解释，他并不相信亚当的原罪。他以为最初的罪恶与亚当的罪恶，并不是同义。如果因为亚当有罪便说其后的人类皆有罪，那么，罪恶的意思，将必误会到仅指亚当的堕落而言，其后的人类对于罪恶的本身决经验不到。因为罪恶有性质变形的作用，人们最初犯罪之时，即由飞跃而表现一种新的性质。罪恶是对于人类有意义的东西，所以最初的罪恶须得各人去经验。人类本是纯洁的东西，失掉纯洁，仅由于性质的飞跃，即仅由于个人最初的罪恶。纯洁是无知的意思，不了解善恶的区别，其状态为平和安静，无欲无虑，即是"无"。"无"产生甚么作用，即产生"忧怖"。纯洁然而同时又是忧怖，这就谈到纯洁的最深的秘密。忧怖的对象虽是无，然而无之内有许多的东西潜伏着。在纯洁之内潜伏着肉感性和梦幻的精神，这些东西又产出种种可能性。例如倾向于性的冲动之心，酣醉于肉感之美之心与对于此种性动肉感畏惧而欲逃遁之心同时发达。此种心理愈增进则忧怖愈深。我们从纯洁未失掉前之忧怖观察之，则对于飞跃的事实易于了解。固然飞跃本身不能知道，可是到飞跃的那瞬间的心理状态与那瞬间以后的心理状态，两相比拟，则不难得其朕兆。此时新的兴味、新的勇气、新的意义乃至新的行为，皆异常的活跃着，皆足为我们决定一切的标征。基尔克哥德从最初的罪恶解释性质的变化之心理，解释飞跃，略如以上之说明。

个人生活之历史乃从一个状态进到他个状态之运动之内。

这个运动便是飞跃。上面已经用最初的罪恶说明一个大概，现在借这个机会说明基尔克哥德的性欲观。基尔克哥德以为人类为灵与肉之综合，而灵与肉又综合于第三者之精神之内。肉感性愈强则灵肉之间隙愈深，而忧怖亦愈烈。肉感性与忧怖有直接的关系。女子比男子更忧怖，便是因为女子比男子更是肉感的。何以女子比男子更是肉感的？这是肉体的构造之结果。与性欲相伴而起之羞耻，亦不外于忧怖。伟大的人物常常感到矛盾，所以羞耻心也很强烈。这只有精神异常的圣者与精神麻痹的狎客，才不感到羞耻。爱恋的享乐，任如何纯粹，必与忧怖相伴。凡新的个人生命都必于忧怖之内才得成立。关于肉感性与忧怖之考察，最近性欲学者所见皆同。尼采以性欲与精神之力自同一之根本力而出。他的证据是以为伟大的人物莫不富于肉感性，这点与基尔克哥德的观察实相暗合。基尔克哥德以为感到最强烈的忧怖，经验到最大的飞跃，苦闷于最深的性欲之人便是能够显扬最高的精神之人。与尼采所谓生之舞踏生之陶醉，正有许多精神感通之处。

于是再回到忧怖与飞跃的问题。忧怖由上例所示，为个人之生活之瞬间之心理的近似值。所谓瞬间（Augenblick）在基尔克哥德看来，有特殊的意义。关于时间与空间之问题，在基尔克哥德并不热心去讨论，但在与人类精神生活有关系之范围内，亦不忽略时间之问题。尤其是在他为富于永远之情热之人，对于生活与时间之关系，亦自不得不特别加以注意。故"瞬间"为其最注意之题目。时间为无限之继起，不断之推移，本无现、过、未三世之可分。普通所云现在，其实也是经过的状态，并非停留在一点上面。然则现在即是永远之流，可以说现在即是永远，永远即是现在。人间为灵与肉之综合，亦为永远的与时间的（das Zeitiche）之综合。此综合即为"瞬间"所支持。在精神确立之时，瞬间亦因而表显。瞬间在普通认为是过去与未来中间之时间点，其实这只是纯抽象的瞬间，在事实并不存在。瞬间非时间之元子，乃永远性之元子。在时间之内，最早即有永远性反照出来的便是瞬间。瞬间不受时间之规定，而为时间与永远性之接触。基尔克哥德就瞬间说明时间与永远性之接触，说明性质的变化，借此说明忧怖，说明飞跃，其用意至为深远，与柏格森说明绵延，从绵延说明创造进化者，同一机括。他们的精神，正有许多暗相契合之处。

最后请说明绝望。基尔克哥德已经把飞跃和忧怖对于吾人内生活之影响说明一个大概，但绝望却是对于吾人之内生活，影响更大。从医者所示，严密言之，人类无完全健康之人，正如此例，人类无不怀绝望之人。绝望是对自己绝望，欲从自身脱离。凡意识增大的人，其绝望亦增大。因为意识增大，则意志增大，意志增大，则自己增大，所以绝望之度与人类之伟大为正比例。然有一种人对于自己的重要并不曾意识到。他只是听肉感统治生活。这种人在空虚之内生活着以为是幸福，而不知其已是醉生梦死。这种人可是最普遍。所以以锐敏的意识自杀之人之绝望，比在混沌状态自杀之人之绝望更为深刻。现在分作两种说明：（1）从人格的软弱而来之绝望。此又分两种：一为从外围事情而起之绝望，一为自内部涌起之绝望。先论前者。这种绝望是由外来之压迫而起，而自己无法克治。例如声名不可得，或已得而复失；又例如羡慕他人之幸福皆是。自己没有踏力，视环境之消长以为消长，因此招致人格的软弱。其有对自己颇重视，不愿向外倾斜者，然而如果外间非难突起，即仍回到悲观的状态，这亦是人格不强烈之一证。请再论后者。这种绝望纯是由于对自己嫌恶而起。对自己一切冷淡，只有向孤独之欲求，对于人间之意义根本不加理会，因此倾于绝望一途。总之，此二者皆起于人格的软弱。（2）从人格的强韧而来之绝望。这种绝望与前者适相反，可以说第一种是女性的绝望，这种乃是男性的绝望。这种绝望不是烦恼而是行为。不是苦闷而是骄傲。是对自己主张对自己满足之结果。是对本来的自己而绝望。是为改造自己，扶植真正的自己而绝望。因为要对自己的生活诚实，不肯一毫放松，因为对自己的真实主张太强烈，不肯一毫假借，是甘心处置自己到绝对的地步。这种绝望里面已经包孕着一种巨大之力，而且这种绝望是表现并发展巨大之力的唯一的方法。所以第二种绝望与第一种截然不同。

基尔克哥德认第一种绝望，可以将诚实与爱与严肃的意义从生活中夺去。而使生活为泥泞化。第二种绝望乃能捉住真实，这非沉潜于自己最深之人不易造到这种地步。总上所述各节观之，基尔克哥德已经把飞跃、忧怖、绝望分别说明。基尔克哥德以为欲说明人类之内的生活，这是第一步工夫。他以为这种心理，不是徒然观察，享乐而低徊的人间心理，乃是进行，行动无间断而生活着的人间心理。关于意识、意志、自己之说明，也许现代心理学以为是极幼稚，其实这种说明，乃是极重要的，乃是初步的初步。这层不讲明，则伦理学便无法讲明，所以伦理学必须建筑于心理学之上。而基尔克哥德则比他人更进一步，他以为心理学又须从伦理学的意味去研究，方可抉发心理学之真正意义，所以他的心理学是一种伦理的心理学。和他的伦理的认识论是成为一个系统的。以下进述基尔克哥德的伦理学。基尔克哥德的伦理学是他的哲学的主题，可以说他的认识论和心理学都是为他的伦理学而发。所以关于伦理学之讲明，是要特别的注意的。

六、基尔克哥德的伦理学

基尔克哥德的伦理学上的问题,乃是如何生活的问题。所谓如何生活有两重意味:第一,生活态度固定的人不起这种疑问。在起这种疑问之人,大抵是人格内起了一种摇动,在他的内生活里面,或趋向理想,或趋向现实,常有种种生活态度互相对立。在此时各种生活态度皆欲统御其他,而互相格斗着。在此时不能不决定"非此即彼"。所以如何生活的问题,即是此种决定的努力与情热。第二,不求生活意义之人不起这种疑问。在满身为惰性所侵袭之人,只知求生,不问如何生活。他心中所苦闷的只是衣食住的问题,只是欲望的满足问题。但有一种人于食欲色欲满足之外还是感着虚空。在他心里以为食色以上还有一种生活的价值,所以虽对于食欲色欲断念,却仍是对于生之意义很执着。这种人以为一切苦患可以换到意义,于是如何生活的问题,亦成为他的努力与情热之中心。总之,离了求生活意义之心,就没有生活态度之选择。离了选择的情热则所求的意义亦是虚空的。于是有基尔克哥德的伦理学之讲明。

　　生活态度之种类是很复杂的。尤其是凝固的观念可以诱导生活，使人生陷于意识的或无意识的虚伪与欺骗之中，其生活态度之复杂，更何可以较量。不过种种的复杂状态，都未尝不可以还元到二三种性质之中。一切如何生活的问题，都不外是一个之人格内相对立的各种生活态度。所以严格说来，都可以加一种适当的分析。基尔克哥德则分为三种：即美的生活、伦理的生活、宗教的生活。在这三种之外，有所谓知的态度，但他以为知的态度不过是美的态度一部分，因为他以为好奇心和知识欲，都必伴着赏鉴，所以都列在美的生活之内。这是他对于生活态度的三种看法。

　　这些生活态度何以常陷于格斗的状态之中，这是因为互不相容的结果。例如单欲知道女性的秘密的一种好奇心与对于女性爱好玩味之心不相容。又从一女性之唇至他女性之唇所尝到的恋爱的滋味，与终身只对一女性之体与魂所尝到的滋味不相容。又对于一个女性之热烈的爱与对于神之虔诚的爱不相容。这些对立状态固然很不明了，也有些毕竟意识不到如何不相容的，可是伟大的生活则不如是。我们一检察伟大的生活，便立刻可以发见锐敏的对立与伟大的格斗。人类愈入于深刻的生活，人类之心愈用锐敏之眼去观察，便愈发见矛盾的意识与对于矛盾征服之战之强烈。以人格的生活为背景之人生观，乃是产生于许多相格斗的生活态度之统治者之中。当各种生活态度相对立，统治者无法出现之时，并不是统治者终久不出现，统治者在人格内陷于绝灭的悲境的，乃是机会不曾到来。如果机会一到，一切相对立的生活态度，立刻匍匐于统治者之下。这是澈底的人格的胜利。反之，在不以人格的生活为背景的人生观，势必不能不表现一种廉价的妥协。这是一种无中心的人生观，因此也没有价值的标准，或者评价常相冲突。严密说来，这不能算做人生观。伟大的人生观，在全体说来，就令它的中心不定，但在各个时期中都有一个强有力的中心。他的人生观是各种不同的人生观之连续。统治者虽几度变更，而无无统治者的时期。这种统治者之变迁便是人格的开展，便是贯澈人格全体的动向。若徒以人生观相标榜，毫无体验之内容，毫无人格的生活之背景，那不过是一种苍白之影而已。

基尔克哥德以为不根据自己的体验，是不能尝到人生的真味的。人须对于自身所含藏的矛盾加以澈底的体验。就上面所述的三种生活态度说，须切实体验到三种生活态度的不同点。基尔克哥德自身对于三种生活常陷于互相格斗的状态之中。他以为这种格斗是真实的生活之建立之源泉。在他的体验说来，他以为美的生活是比较平易的生活，他自身曾一度为美的生活所牵引，然而以富有敬虔性格的基尔克哥德，到底不能安心立命于美的生活之内。于是由努力与紧张的结果，使他不能不由美的生活而升进到伦理的生活之中。这在他的体验说来，这是生活之向上。然而伦理的生活仍旧不能使他内心恬然泰然，结果又由伦理的生活转到宗教的生活。于是生活达了最高点。在人家也许不是这样看法，但在基尔克哥德的性格与体验，却是如此。由基尔克哥德观之，所谓美的、伦理的、宗教的，成为三个生活阶段。各个阶段即为一个生活态度，即是一种人生观，虽然如此，然而为获得真实的生活起见，必定要从低级阶段进到高级阶段，必定以由自己体验所得的为标准，必定以自己所看到的低级高级为准绳。这里所说的三个阶段不过是基尔克哥德的阶段，不过是基尔克哥德的看法而已。基尔克哥德以为三个人生观并不是同时在同一个平面上，乃是时间的继起的，这个继起乃是理想的要求之结果，乃是从内的必然所产生，这是基尔克哥德的人生观所以可贵之处。

霍甫丁做了一部《哲学家的基尔克哥德》(Sören Kierkegaard als Philosoph)，他认生活阶段之叙述，为基尔克哥德伦理学上最大之贡献。然而基尔克哥德的贡献，严格说来，还不单是阶段之叙述，乃是阶段相互关系之叙述。关于如何生活的问题，至此方有一个答案。

基尔克哥德以诗人的心理学者的才能，故能以可惊的锐敏之眼描写人们的内生活。我们不妨以他所省察的对自己体验的来观照我们的内生活，这就无异于说他所说的处处说到我们的心灵。所以生活的价值，不在"经验些怎样的事情"，而在"怎样去经验"。基尔克哥德在极平凡的日常生活之中，而能体会人们的内生活如此真切，这是由于他知道"怎样去经验"的结果。无怪乎他的教理在人们的内心中潜伏着一种绝大的威权。

(A) 美的生活

美的生活乃以生之享乐为目的之生活，即澈底的享乐主义之生活。但所谓享乐，其态度由自身的特征而限定生活之范围。譬如在不辞一切苦难之宗教的生活，虽然享受到某种痛苦和欢喜，但不是美的。因为宗教的生活之享乐，不过是心理的伴随现象，或者是由某种强中心之流衍所必然的规定者。享乐的态度在宗教的生活是不需要的，所以不能经验到那种美的滋味。生活于美的享乐之人，偶入僧院去尝那种断念苦行的生活，未尝不可能，但这不过是求美味之变态，在心理上说来，不过是一种暴虐狂（Masochismus）。暴虐狂是受异性虐待而起一种性的快感之意（Hervorrufen goschlechtlicher Frregungen durch Misshandlungen, nach Sacher-Masoch.）。故外形虽酷似而生活之根本态度则全然不同，又内界之状态亦全异。固然在自然科学者不承认这种区别，以为快乐与苦痛，不过是刺戟之程度之差异，因此之故，遂谓苦恼之快乐不过为一般之快乐之一种。此在由外界直接推察内界之自然科学家态度言之，诚为澈底，但人格之根本生命，究为受动的抑为能动的？究出于建造某物、增进生命之欲望，抑除反应刺激而外别无所谓活动之方法？如用此种方法去评衡二种生活态度，那就可以目的完全不同，而价值标准亦彼此不能相容。所以肉感性的欢喜与宗教性的欢喜，完全不可同日而语。生活于美的享乐之人，饱受肉感性的欢喜，偶然陷入忧愁之时，为求代偿起见，亦求宗教性的欢喜——外形为宗教性的欢喜——那只要变态快乐之素质强，便极容易得到。所以在这种人成问题的，不是肉感性或宗教性的中心问题，乃是求变态快乐之素质有与无或强与弱的问题。就以上所说，我们可以知道所谓美的生活一个大概。

基尔克哥德如何说明美的生活之界限？他是从中心生命之态度去加以说明的。他是从人类观出发。以为人类是由灵、肉及综合灵肉之精神三者而成。美的生活非精神之表现，乃是昏睡状态之生活。就令它表现一种精神，但观点总是相反。譬如精神是美的，它便看作是恶的，结果不免摈美而崇恶，所谓恶魔主义的生活。质言之，美的生活并非是以精神为中心生命之生活。基尔克哥德惟其有这种看法，因此对于希腊主义与基督教有如次之说明。希腊主义也与一般异教主义相同而为肉感性。它那肉感性不出于精神的规定而仅出于灵的规定。灵的规定之肉感性，灵与肉不是相反的而是合一的、调和的，这个在异教主义之内，尤其在希腊，是表现得很完全的。构成希腊的美的个人性是灵的，同时又是肉的。肉感性浸透于灵性之中，灵性亦浸透于肉感性之中。可是基督教则不然，完全排斥肉感性，而以精神为其原理。不过肉感性却是从基督教产生以后，才使一般人表现于意识之上，因为在希腊并没有对立的生活，虽在肉感性中，却并不知已在肉感性中。这个对立自从基督教产生，方始显然。所以基督教虽否认肉感性，而肉感性反为积极的现实。希腊人之生活为美的生活之典型，真正提出美的生活当作一种生活态度的是文艺复兴以后之事。基尔克哥德之意，希腊主义的生活与基督教的生活，两有所短，亦两有所长。基尔克哥德认美的生活为不适合，当然别有一番说明。现在进述他说明的一般。

基尔克哥德以古时性欲最强的男子顿游晏（Don Juan）为肉的恋爱的化身，而说明美的生活。他把肉的恋爱的分为三阶段：第一阶段是情欲在睡眠状态中。肉的方面虽已觉悟，但尚镇静不起运动，且在深沉的忧郁中不发生喜悦与欢乐。在这阶段，情欲有执持对象之意，却并不曾执持着。常在矛盾之内成立一种甜蜜的痛苦。质言之，这个阶段是从梦幻的情欲而生。第二阶段是情欲已在觉醒状态中。情欲向对象之方移动，同时亦在自身之内蠢动。享乐之瞬间虽很短促，但颇感到幸福。在接触之时有微风飘动之感。这个阶段的欢喜是发现的欢喜。情欲探求意欲的对象，探求的目的即在发现。探求与发见的程途，在未捉住唯一根本的对象时总是继续的。第三阶段即由顿游晏所表现之者。情欲成为意欲的情欲，在各个物里面抓住绝对的对象。此时情欲与精神相对立。在情欲中有"肉感的天才"（die sinnliche Genialität）之观念。关于第三阶段，以后尚当说明。基尔克哥德在叙述三个阶段之后，遂进论顿游晏在美的生活上之特质。

顿游晏观念之起源不得而知，只知道是属于中世纪的事。在中世纪"化身"（Repräsontation）之观念极为发达。全体表现于各个个人之内。化身一方面表现个人以上的东西，一方面却又表现个人以下的东西。中世的骑士、经院派的学者、僧侣、俗人，等等，都是化身。由此表现之内，得使生活进于伟大。中世一切化身都成为二元的对立。肉体与精神之对立，是其最显著者。顿游晏即是肉体之化身。基尔克哥德同时更取浮士德（Faust 亦古代男子之名，为带有精神意味之恋爱的化身）以为说明。他是爱好希腊的情调而欲减少肉体的意味的，是爱好精神的意味而欲排斥基督教的精神的。基尔克哥德说：顿游晏是被规定为肉感的之"恶魔的东西"之表现；浮士德是被规定为精神的却是排斥基督教的精神的之"恶魔的东西"之表现。（Don Juan ist also der Ausdruck für das Dämonische, bestimmt als das Sinnliche, Faust ist der Ausdruck für das Dämonische, bestimmt als das Geistige, das der Geist des Christentums ausschliest.）基尔克哥德以为浮士德是活动于精神的要素

六、基尔克哥德的伦理学

之上的，所以是个人的同时又是观念的。顿游晏本来又不是观念（力、生活），又不是个人，乃是漂泊于二者之间的。他们二人所想的事情相同，却是对付的方法不同。二人同为恶魔，却是浮士德比较的高一级。浮士德认肉感的东西是在失掉一个世界之后才产生意义的。浮士德求女性，是为使怀疑与不安之苦闷淡忘之故。他不像顿游晏那样阳气旺盛，逸兴盎然，他不能贡身于肉感的狂欢，他是要在肉体之内找到一点灵魂的。他的放荡史不过是精神过程的一个阶段。在这点顿游晏却是不然。他不在女性之魂里面找着"高尚的东西"。所谓顿游晏，原理上说来，便是肉欲。顿游晏在恋爱上只取诱惑的形式。诱惑的观念在希腊并没有。希腊之爱是灵的，同时又是诚实的。爱着一人之时更不再探求第二人之爱，而顿游晏却不如此。顿游晏之爱只是肉的，根本没有灵的。顿游晏对一切的女性是同样的爱好的。一个女性仅仅是他恋爱的一个瞬间。上面说到顿游晏在恋爱上只好诱惑的形式，但所谓诱惑，不是以语欺人，也不是以术弄人，只是情欲旺盛的结果。便是顿游晏的情欲足以唤起对象的情欲。一切是情欲之力所致。所以顿游晏毫无奸诡之迹，一切是自然的。严密地说，顿游晏的诱惑，乃是人类性强烈之表征。因为肉欲即是人类的根本的性质。以上是基尔克哥德借顿游晏与浮士德之二种型范，说明恋爱观之两面，以后进述顿游晏与美的生活之关系。

　　基尔克哥德用顿游晏描写情欲，用顿游晏作为精神之对抗的原理。已如上面之说明。但我们就我们自身的生活观之，所含顿游晏的素质实不少。这个素质有时成为我们一切生活之支配者。在这个素质不能舍离之时，我们又何尝不是顿游晏。我们虽然不必完全依照基尔克哥德所描写的恋爱的阶段，不必完全走上顿游晏的路子，然而离顿游晏的路程又有多远呢？假如照基尔克哥德的意思来解释美的生活，则顿游晏所关实甚大，而我们亦无法跳出美的生活。关于这个问题容在结论中再为说明，因为这个问题关系太大，非简单数语可了。我们现在只记清这点：基尔克哥德认美的生活是一种肉的享乐的生活，只有顿游晏可代表，虽不认为唯一的，然而认为极重要的。基尔克哥德唯其有这种看法，所以拿顿游晏常作美的生活之中心。基尔克哥德不仅如此，并从感觉方面批评美的生活。

这是考察美的生活之特征。基尔克哥德以为美的生活没有严肃的高尚的意义。一般美的生活都富于美的魔力之情调。美的人们之悦乐，为求心理的深化之故，与谓求肉感性之狂醉的瞬间，毋宁谓倾于预感或追想狂醉的瞬间之心理状态之为得。因此不得不求生活之艺术化，否则一切生活太枯燥、太单调、太平凡，质言之，一切生活太疲乏。所以不能不由人手去加以造作。宇宙的存在是杂驳的，都有待于人工的制造。基尔克哥德的变易经济说（die Wechsel – Wirtschaft），即是此种心理状态之描写。他以为一切存在都是疲乏。宇宙的太初只有疲乏。神怕疲乏所以造人类。亚当因为一个人太疲乏了，所以造出夏娃。自有亚当、夏娃之后，地球上开始疲乏起来了，于是随人类之数而增大。这种疲乏与虚空之概念相当。疲乏为一切恶之根源，人类不得不谋所以征服之，因而产生美的生活。人们久困乡里感着疲乏了，遂往首都；久居国内感着疲乏了，遂涉重洋。但终生跋涉，救济之方究属有限。真正的救济，舍"制限"末由。果透澈"制限"的三昧，虽在牢狱中仅得到一网蜘蛛，亦有无穷的妙味。在"制限"之中有最深的意义的莫过于"忘却之术"。最初不能不舍弃希望，因为希望即为制限之敌。果舍弃希望，自能忘却。忘却与回忆并进。愈能忘却之人回忆之味乃愈增大。任你遇着怎样惨刻的苦闷，在忘却的渊底总会浮出一种美味来。因此对任何的快乐不可深入，深入即不免被"不能忘却"所苦。推而言之，一切的生活关系，都应取若即若离的态度。密切的个人关系，至于难舍难分，但结果总招来疲乏。例如友情，每易达到互感疲乏而不能分离之苦。尤其是结婚。已结婚的人每每相誓终身，然而实际上何尝是如此，愈久远愈感着疲乏。当初惟恐不能永合，结果便只怕不能永离。到了爱情冷淡之时，社会上已经不许你离婚了，弄到后来，是两个没有爱情的同志，挣扎一生。本来夫妻偕老，是一种暧昧的神秘的辞句。结婚之后，双方失却自由，双方失去创造性，而负担日重，一有子女，万事皆了。且结婚每为道义风习所束缚，"在我所知道的说来，日本有这样的道义风习，男子也要卧于产褥之上。现在恐怕在欧洲，这种道义导入的时代快要到来"（In Japan ist es, soviel ich weiss, Sitte und Branch, dass auch der Mann in Wochenbott liegt Es Könnte ja die Zeit Kommen, da man auch in Europa solche Sitten einführen wollte）。总之，和女性发生永续的关系，便是男性的破产。"当初女子是高慢的，其后女子是软弱的，其后女子是无力的，其后男子是无力的，其后全家族是无力的。女子的爱不过是虚伪和软弱而已"（Zuerst ist das Weib stolz, dann wird sie schwach, dann wird sie ohnmächtig, dann wird er ohnmächtig, dann wird die ganze Familie ohnmächtig, Des Weibes Liebe ist nur Verstellung und Schwachheit）。但对于恋爱却不必禁阻。恋爱到了彼此快要感着疲乏的时候，须有摆脱的勇气。如果没有这种勇气，则男子以后便失了一切。从以上所述看来，可知所谓美的生活以善变换，善支配情调为主眼。在美的人们之前无必然性。生活只是主观的要素，一切关心的对象只是偶然的事物。不是人们被自然所摄引，而是人们摄引自然。可知美的生活与以永远意义为主眼之伦理的生活完全异趣。

关于美的生活，基尔克哥德所喜欢讨论的，是男女关系之问题。他有许多很深刻的议论。他以为女子不过是生殖的工具。生活于美的生活之人，并不认女子身体里面有贵重的东西，并不认恋爱是神圣的理想的。只以为女性不过是肉欲之权化，恋爱不过是生殖之钓饵。恋爱是滑稽的，女性亦是滑稽的，女子在表面看来，以为富有种种思想、理想、兴味，诚实之属，其实一切都是虚空，真正根于内心的绝少绝少。女子是这样说，实际上是这样想，但到第二瞬间是那样说，实际上又是那样想。不过这两个相反的言论思想都是真实的。女子的感情和行为也是这样。女子没有全体矛盾之意识和苦痛，她只常常的变为相反对的人格。她在各瞬间一切思想感情，只要于她那样适合，她便集注到那里。坚持一样东西不许矛盾的反省，在女子身上很少发现，能够坚持到八日以上的更是绝少绝少。女子唯一的根柢便是肉欲。关于肉欲之上之一切秘诀，女子都根本了解，而且是出于本能的。女子之全生活不出于多样化之肉欲之范围。表面上看来，女子之肉欲不及男子，其实在男子不过是一个倾向，在女子便已成为全体了。女子无论在甚么时候，都隐藏着一种媚，这并非对特殊的男子，乃是对一切男性。后来这种媚独立，成为女子的虚荣心。女子所感到的一切的价值，都可以归结到虚荣心里面。例如女子爱饰容姿，这就是她第一种对男子所献之媚。女子唯一注意之事，是如何比她人美丽，或比她人优先。女子少有自己内定的，她总是外发的。总是由男性之赏赞或别的女性之屈服那种外的关系而定。于是在这时候有一种有力的现象发生，便是"流行"。"流行即女性，女性即流行"，二者实际上没有区别的。流行之迟缓，在女子认为是大失体面，大损价值之事。这并不是单就服饰玩好说，便是女子的慈善事业、自觉运动、艺术鉴赏、宗教热、职业热，等等，莫不如此。由上所述，也可以看到美的生活之一端。

女性和恋爱虽然有上述各种情形，但女性仍为美的生活之中心，不过知道女性的本质可以避免某种危险。关于此点，我们可以听听诱惑者约翰奈斯（Johannes）的演说。约翰奈斯以为由女性与恋爱得到不幸的经验的人，就会把应当取的当作与的，应当与的当作取的，这在诱惑者决不会看错了这种机括。据"物语"太初只有男性，他很有力量，因此遂招神之嫉妒。神恐怕一旦有危险，结果不得不屈从人类，无以制人类之死命，于是由种种苦思焦虑的结果发明一种力量稍弱而足以制服男子之力，这个力便是女子。神之奸计成功，于是人类始日即于萎败。但在每个时代总有些看破神之奸计而特别注意之男子，这便是那些恋爱家，一般人遂名为诱惑者。神以女子为奸计之工具，可是决不让女子知道那种奸计。女子喜逃善羞，都是箝制男子最有力量的东西，但这些事诱惑者都尽知之。世间没有比不知不识和半羞半恼还有可深加玩味的价值的，而女子确实拥有这些长处。女子在静夜安息的时候，诱惑者得聆其带爵尼索斯（Dionysos）颂歌式的快乐的脉搏。一切确非欺诈而似欺诈的喜悦，恋爱家得尽知之。但被诱惑的是如何的幸福，却只有女子知道。聪明伶俐的被诱惑的少女，后来就成为聪明伶俐的妻。无论是怎样的女子都可以遇到适合的诱惑者。女子的幸福是在发现诱惑者的时候才产生的。诱惑者知道神之奸计，故只恋爱而不结婚。反之在结婚之人便适中神之奸计，因为夫为妻所萎化，妻仅仅是萎化男子的工具，那个男子是不能享受人生绝妙之欢乐的。无做诱惑者资格之男子，最喜以曾被诱惑之女子为妻。以上是约翰奈斯演说的概略。这段演说所含的精义不少，但尚有对此生反感者是为爱勒弥达（Viktor Eremita）的演说，其大要如次：

　　女子诚哉可以使男子萎化，但人类所以能达到最高最美的地步，也不能不感谢女子。所谓最高最美的东西是男性生产物，但这生产物是由女性激发才产生的。男子是具体的，但不过是"某物"，女子虽然是抽象的，但却是"全体"。因此"理想"一物总是通过女性才出现的。这种理想可以使男子伟大。世间许多男子有因一个女子而成为天才的、英雄的、诗人的、圣者的。他们的事业都是由女子而发生的。不过话虽是这么说，可是万不可把女子据为己有。如果把恋人常常搁在身旁，那就天才立刻变为大臣，英雄立刻变成大将，诗人立刻成为父亲，圣者立刻成为财主，所以女子占有结果一切不能占有。女子使男子在理想成为生产的仅仅是消极的关系。男子为得女子而战，或未得女子而正在恋慕之时，女子足以兴奋男子之理想而刺激生产之欲，但一经把女子变成妻的时候，任是如

六、基尔克哥德的伦理学

何有兴味之女子，早已不能刺激男子之理想性。所以男子不占有女子便是男子追求理想之意。于是男子得恋慕许多女子。恋慕许多女子虽得一不幸之恋之别名，但在不绝的努力与憧憬之内，得产生高尚的理想之魂。在此理想之魂之内之最高尚者，便是不死的意识。天才、英雄、诗人、圣者之理想与不死的意识，皆从不幸之恋而来。从妻子本身得到好处的，受妻子之感发而成功的伟人，至今尚有听见过。因为和女子发生积极的关系，足以使男子腐败。在想有所作为的男子，决不可以结婚，决不可以永保一个恋人，但不可以不恋。因为这可以使男子之本质增高。而在女子方面之对于男子，最好在恰当之时，出现于男子之前，但以早离开男子为妙。以上是爱勒弥达演说的概略。

爱勒弥达之演说确具一部分之真理。肉之美足以增高天才之力，此自柏拉图以来的思想家都是这样看法。"没有结过婚的天才"这种思想不仅是叔本华（Schopenhauer）和尼采这样主张着，而且可以举出反证的实例。著《顿游晏》的拜伦（Byron）和著《浮士德》的哥德，都是恋爱过许多女子，在恋爱的刺激之上写成杰作的。可是他们都不是结过婚的男子。尼采一流人的看法，以为伟人都是富于肉感性的人，精神力与肉感力是同属一种力，所以女子刺激伟人之肉感性，即足以刺激伟人之全活力。关于此点，基尔克哥德的看法却是不同，他以为肉感力与精神力并非是同样的力，但是肉感强烈，同时灵与肉之对立亦越发显明，而综合灵肉之精神亦越发旺盛。所以女性之刺激，足以使精神扩大。由上所述，可知基尔克哥德之见地与爱勒弥达稍有出入。

天才和英雄很少结过婚的男子，这是事实，但其中亦有例外。他们在旺盛的精神力里面持有强烈的肉感性。他们并不因幸福的结婚而堕落。天才英雄由女性的刺激成就伟大的工作的固不少，但他们既成天才或英雄以上，就令与女子发生积极的关系，依然不失为天才与英雄。反之，恋爱过许多女子，受过许多启示的人，也不一定为天才与英雄。然则爱勒弥达之说亦有应修正之处。

由爱勒弥达的演说所联带发生的疑问，即天才英雄是否为美的生活，而伟大的工作是否由美的生活产生？这样基尔克哥德之答复是如此：据爱勒弥达之意，不幸之恋可以使人们变成天才，结婚则可以埋没天才，此语当然可承认，不幸之恋确可增高天才之力。但天才既出世以上，无论如何，都是天才，决不因恋爱而变其本质。天才之美的生活仅是背景，他真正活动的时候，他会舍离美的生活。他如果单为美的活动之时，他便变成凡人。他过恋爱生活，如果以人格的态度去恋爱的时候，他那恋爱已经不是享乐了。天才可参赞自然与人生之神秘。天才想在"享乐哟"的态度以外，进一步拿定一个"捉住生命哟"的态度。天才以建造生命为本质，爱勒弥达的说法，不足以尽天才之能事。

关于美的生活之特质，已说明如上。现在再述几点与美的生活有附带关系的。美的生活与音乐关系最密切。脱尔斯泰（Tolstoi）谓音乐与肉感性是相结合的，尼采更说音乐与肉感性不能一刻脱离关系。"夜间的生活"是非有音乐不能完成的。享乐的人他的固有的情调是要由音乐创造出来的。所以享乐的顶点结果完全浸融于音乐之内。古来荡乐淫声所以不绝于耳,便是这个缘故。基尔克哥德以为顿游晏的生活只有音乐才能表现,因此音乐亦成为美的生活之中心。这也是美的生活上比较关系重要的事实。

生活于美的人们之趣味,常趋于纤细,与谓重直接之感觉,宁谓重锐敏之暗示。故恋爱最甜蜜之瞬间是最初与女子接触以眉语以神接之时。最足以刺激诱惑者之欲求的,是女性的可爱的天足与其恰好的身段,及其妙味难传之发鬐,与晶莹纤细之手臂。因为这是暗示的作用,这是暗示着全身而关系对方通体之感情愉悦的。女子的一切,处处要计较着对方的感情。"女性的范畴,是为他而存在,与为自己而存在是相反的"(Die Kategorie des Weibes ist der Gegensatzzum Für – sich – sein: das Sein – für Anderes)。为他而存在的更其是处女。就中有一点最堪注意的便是双方之欺骗,这无论女性男性,都是如此。因为欺骗是美学的要求。欺骗完全不出于恶意,有时善意正立于欺骗之上。

美的生活虽可得到生的享乐,其实正脱不了悲观与怀疑。"人生是虚空的无意义的"这种喊声,每从美的人们中放出。"人生不过五十年""人生行乐耳"这种快乐之声已与悲哀之声相伴而出。快乐不过瞬间,想象出来的虽是甜的,但没有力量。所以最难堪的结果所谓"疲乏",毕竟要聚集拢来的。无论世间各种生活如何变化纷纭,结果总逃不了后悔。人生是无限的孤独,因为人与人之间传达思想的方法绝对是没有的。世间没有以享乐为目的之生活而能免于惨苦之不幸的。所以有许多人转以死为幸福,生为绝大的不幸。拜伦、哥德之流在一生之内,幸福的日子很少。至于那些颓废家那更不容说。古来任是甚么快乐派，很少能胜过生之疲倦和虚空的。这并不是偶然的现象。要知吾人人格之态度虽可决定于美的方向，但人间之内生活决不能单决定于美的方向。内奥之要求与要求实现之努力常隐秘于内而足以寒人类享乐之心。于是新的阶段从此得一飞跃，而有伦理的生活。

（B）伦理的生活

美的生活以享乐为第一要义，对于自己的行动向着理想、要求而持有某种意义与否，这是它不关心的。它以享乐为绝对，别无价值之标准，故以生之享乐为善，否则为恶。若伦理的生活则不然，本着强有力之理想，一切行为很严肃的在理想之光里面辉映着。这时感受性失了地位，生活只朝着理想之道前进。其趋向理想之意志与选择理想之道之决意，是要在这时候极力行使它的主权的。生活之焦点不是享乐，而是使自己升进到某个方面的一种要求。人生并不是乐园，只不过是一个修道场而已。这可见美的与伦理的完全不同。基尔克哥德以为伦理的与宗教的易接近，却是与美的相距很远。伦理的与宗教的相对立，不过是部分的对立，若伦理的与美的相对立，则充分表现独立的特征。在基尔克哥德的《非此即彼》一书的第二卷，主要的叙述这方面。现在请作一般之考察。

美的人生观之中心兴味，为男女关系之问题，这有魏尔亨（Wilhelm）一种辩解。魏尔亨以为构成结婚之本质的是爱，爱是追求永远的。这不是受感受性之触发求瞬间之满足的，这是活动于永远之上之意欲。如果没有爱而成立的结婚，那不过是肉欲之满足，或者怀有他种目的之虚伪的结合。所以恋爱与结婚不同。恋爱是一时的，而结婚是永远的。如果爱一到结婚就会消灭，那不是爱，只是恋爱。在真的爱里面仍就有肉感的要素，譬如结婚就不免于肉欲，不过它是求肉欲之道德的表现。爱并不是把肉欲看作根本的，并不随肉感之锐钝而有所增损。爱是不断的长成的，在任何生活状态之下，都能堪忍，都不衰落。魏尔亨这种辩解，颇有特见，但这必在特殊的情态之中，普通场合，未必如是。照基尔克哥德的意见，以为普通场合所行之结婚，是在伦理的假面之下所行之美的生活。这在伦理的意义说来，固属滑稽，即在美的生活说来，亦属暧昧。因此脱尔斯泰主张应舍弃肉体的享乐，只要求精神的爱。不过在此点基尔克哥德的看法却有不同。他以为宗教的生活固应全然拒绝肉体的享乐，若在伦理的阶段，在施精神的爱于一个女子之条件之下，可允许结婚生活之肉体的享乐。如果脱尔斯泰要问精神相爱何故性交，基尔克哥德则答以若完全不顾到此点，恐闲却男性与女性存在之意义。人既求异性，就不能灭却性的关系。不过不把性的意义看得生的意义那样重要。结婚生活务必建筑在精神的爱，以相互的担负运命而建造生命，这是基尔克哥德的说明。

　　基尔克哥德又于男女问题以外论到其他一切伦理的生活之意义。他以为《非此即彼》之选择，先要有一种强毅的人格之努力。大凡人在意识的选择以前，其人格已先行一种无意识的选择。这便是说由隐于内奥之潜力而选择。所以意识的选择之时，即其内奥力涌现于表现之时。而在第二瞬间已经不能选择。所以选择之瞬间极严肃。在作美的生活之人们，也有他们的非此即彼，但他们的选择不是人格的态度之决定，而是快乐的对象之决定。他们也有时以为在美的伦理的宗教的之间应有非此即彼之选择，但他们仍是和选择女性一样，某种可给与多的快乐，某种可给与更多的快乐。总之，不离快乐的标准。这是作美的生活之人们所不能避免的通常现象。

若在作伦理的生活之人们，便不如是。他们选择美的生活与伦理的生活，完全出于人格的态度之决定。这是显然可见的两种人格：（1）求澈底的强有力的人格，最初即执着美的态度，或执着伦理的态度。（2）软弱无力的人格，这是一种不澈底的生活，既非美的，也非伦理的。在这种人根本没有甚么非此即彼之选择。就令遇到非此即彼之选择之机会，他也是要忽略过去的。他还要说道："美的也好，伦理的也好，有甚么大了不得。"这种人所求的只是调和妥协一类的廉价生活。若在第一种人，则与此绝对相反。他所苦心焦虑的是如何的拿住一面而放弃又一面。他想在自己里面养成一种反对的倾向，常常使反对的倾向日益尖锐化。于是此种内奥之力日盘旋于脑际，遂达到选择之瞬间。迨既决定，无论如何，决不退转。这种决定，便是人格的态度之决定。这在作伦理的生活之人们是看得极贵重的。

哲学为绝对的调停，所以不许有绝对的非此即彼。哲学所关系的是思惟的世界，不是自由的世界。黑格尔的看法完全是错误的。思惟之内没有真正的对立，真正的对立只在自由的世界里面。这点和马克思（K. Marx）的思想相通。黑格尔的辩证法注重思惟的矛盾，马克思却注重实在的矛盾。因为真正的对立，只在自由的世界里面。任是怎样自由的个人，不能没有必然性，然而不是论理的必然性，乃是现实的必然性。绝对的选择仅在现实的生活之内。这种选择是自由之内所表现的必然性。所以作伦理的生活之人们，方有绝对的非此即彼。

现在要提出两个疑问：（1）立于美的与伦理的之前，何故必定选择伦理的？即人格开展何故由美的而进于伦理的？（2）生活于伦理的人们所见之人生之目的与价值如何？即伦理的人生观如何？现在先说明第一问。

美的生活只在生之享乐之处见到人生之目的与价值，它的享乐的对象是在外面的，所以肉体之美好，成为最高的目标。但快乐的种类不一，然则追求快乐之生活，显见其是断片的。完全生活于快乐之中，这种事实可否求之于人类，这本是一个大疑问。要知快乐的条件根本是外的，岂能随意得到。所以人们务必远离外的条件而于自己自身之内独立而得享乐。故须于生活内容处见到快乐。若不于内容求之，则无有不感着绝望者。

惟此绝望为对象之绝望，只要新的快乐和强度的快乐得到时即可治愈。生活之空虚不过为快乐之减少。若是真对于生之意义而怀绝望，则必感到求快乐之心之空虚。此种人非对于各个物而绝望，乃对于自己自身而绝望。此种绝对之力可以使人们于"自己的永远价值"里面见到自己，而打碎一切相对的东西。此种绝望为全人格的表出，即"人格之怀疑"。怀疑与绝望不同。怀疑是思想之绝望，不出思惟之领域。才能任如何开展，不能达到怀疑以上。若绝望则不然。绝望是一种选择。人选择绝望，在绝望之内更选择自己。这个自己持有永远之效验性。一言蔽之：怀疑仅仅是思想的，残留于差别的世界，若绝望则与绝对者相关系而并力前趋。

与绝对者相关系而并力前趋的便是伦理的生活。绝对的东西即是有永远效验性之自己。自己以外的东西，一切不过为有限性之物。自己是在一切之中是最抽象的东西，同时又是最具体的东西，于此处乃有自由。生活于"伦理的"之人们，这个自己无论如何变迁，无论如何痛苦，但决不想成为他人，常常确保着自己。自己在选择自己之前已经是有的，这是因为自己就在自身之内之故。但自己在选择自己之前又是不存在的，这是因为自己由选择自身始出现之故。总之，选择自身之自己是无限的具体的。此选择因为是绝对的，故与以前的自己绝对不同。此被选择之自己，无限的持有多样之内容，但有贯澈而为一之历史存在，故虽不绝的变化而同时又为同一。人们"现在还是那样"，便是由于这种历史。原来这种历史是一种苦的绵延，所以人们选择自己要具有非常的勇气。真能达到自己之时，人们便与全实在结合而为一。

　　但我们如何在绝望之内选择自己。所云绝望乃对于自身而绝望，乃自我对于自己而怀绝望。这个"自我"与后来被选择之"自己"绝对不同。前之自我是相对的，后之自己是绝对的。此二者之间之推移的条件是后悔。大凡人们当自由之情热正沸着的时候，任如何痛苦总要为自由而战，悔悟便是这种战的标语。由悔悟得使人回到自己本身。仅在这种条件之下，人们才能够选择自己。悟悔乃对于自己之爱，有此爱乃有"自己"之获得。此种事在为半端绝望所捕住的那种美的生活之人们，是不能经验的，但在想获得生之意义之意欲之人则不达到不止。

　　美的生活仅在"直接存在之状态"中，不能越出这状态一步，但伦理的生活便不然。伦理的生活是本来生长而开展的生活。这种生活既自己存在而又自在开展，当然不能变成别种东西。因此之故，人格的开展在这种生活之内成为必然的，而人格的开展乃由美的而进于伦理的亦成为必然的。在美的领域内人格常在朦胧状态之中，个人仅为瞬间的生存。因为美的情调常是瞬间的片刻的。在此处可云实无人格的生活。若在伦理的领域内，则虽是情调亦以人格的统一而表现，更无论其他。伦理的生活之特色是集中与持续，真正的人格生活之开展，至此时方有可言。我们在这里可以知道立于美的与伦理的之前而必选择伦理的之故。

现在请说明第二问，即伦理的人生观如何？所谓伦理的便是于个人生活之上加以"普遍"之意义。人不仅是个人同时是普遍人。爱不外是普遍人之发现。个人为普遍人，所以个人之内有义务之观念涌出。人格是具有普遍于内面的。然不仅不减却具体的东西，而且集积具体的东西。伦理的任务在成为普遍人。但普遍仅存于特殊之内。故所谓自己，非随处皆有随处皆无之抽象的自己，乃在一定范围内立于泼濑激切之相互关系内之具体的自己。故不仅为个人的亦为社会的。人欲成为普遍人，须依从自己所处之范围以具体的实现爱。但人们不能具体的爱人类。爱人类之方法只有具体的施爱于接近自身之人。人如能真爱其妻子，也便是实现普遍之一道。义务乃由普遍与特殊之合一而确立。义务决不是由外面的事实所逼迫而成，自己便是义务之根源。自己之实现（即在特殊之内实现普遍）即是义务。以上是伦理的生活中一段要义。

由伦理的立场观察之，生活为伦理的乃为美的，因为美必定是内面有目的的东西。若美的人生观之所谓美，是在瞬间的各个人之美。一切只是断片的。因为是断片的，所以没有目的。就令有目的，也是在外不是在内。所以美的生活自身非美。美是不可不以全人格追求的东西。美不是玩弄的而是努力的，不是断片的而是历史的，不是象抽的而是具体的。人间之真美不是肉之美，才能之美，而是人间之美——在特殊的个人之内有普遍的光辉闪出之美——即爱之美。肉之美虽能与以感觉的兴奋，但结局不免落于无力之悲哀与愁闷，而根柢不深，若心魂之美乃由绝大的悲苦流出，遂成为快活而有力的东西，其根柢又与人性之根柢相连。汝只要尽力爱汝所接近的少数人，虽生活如何苦闷，而生活只益见其美。这是伦理的人生观之真诠。

从右所说之伦理的人生观，我们可分为二种，二者虽不充分调和而常相并立。一为我以外之特独的自己之选择，一为自己为特殊内之普遍。如果伦理的生活为具体的实现爱，那便应该看重后者，但基尔克哥德却看重前者。这是因为他看重个人主义之故。

由基尔克哥德自身之体验言之，热烈的爱一人之心与爱神或恐怖神之心不相容。在此意味，可知伦理的又与宗教的相对抗。但在基尔克哥德则不如是。他在舍离人间之爱而赴于神之爱以后，仍为伦理的。在他看来，伦埋的正与宗教的同义，可以说他是"伦理宗教的"。在他的"重演""个人"这些伦理的概念里面，完全持有宗教的内容，是则伦理的与宗教的之间已不见有阶段之存在。这事看似矛盾而实非矛盾。人们首先在人类的爱之内见到自己的要求之全部之时，纯粹是伦理的。其次为宗教的真理所感动而有将自己升进到永远之生之热欲之时，便已超出于伦理的。这在皈依宗教的真理的人看来，人间的爱反为障碍（如脱尔斯泰之例所示，更如释迦之例所示），因为真达到自己之奥底使自己投于绝对之内的精进的生活务为个人的，无怪乎专一作宗教的生活之人们，必排斥伦理的生活。然浸润于神的爱之人乃以宗教的爱爱一切人，此爱在施爱之人之态度说来是宗教的，但从被实现的爱之事实说来却是伦理的。不仅如此，这种人之生活从"与人类共同生活而爱人类"之点看来，也是伦理的。宗教不离道德，就由于这种关系。总之，伦理的与宗教的相反之点固多，共通之点亦不少。由观点之不同，或则对抗，或则合一。然则谓伦理与宗教之间无阶段之存在，亦不必一定陷入于矛盾中。

如果以理想、决意、实现、能动的把捉等等为伦理的特征，那也与宗教的不相对立。或者正是伦理的与宗教的暗相契合的地方。把自己参加于"实在之神秘"的那种生活若说是宗教的话，那就不管信神不信神，只要被引动于不可知之力以追求自己之生活，都是宗教的。但从又一方面看来，那又是立于要求的基础之上之伦理的生活。如果从追求理想努力于实现一点说，二者之间也并没有甚么区别。必强为区别，或者从理想之种类去区别，即以神为理想之生活是宗教的，以地上的善为理想的生活是伦理的。不过二者之间，在人格的态度上说，是确实不同的。神的理想是个人生活之事，地上的善是社会生活之事，无论选择何种，其人格的态度完全不同。又二者的生活，就令在心理的态度相同，而其方向也是不同的。基尔克哥德所说的个人主义，虽名为伦理的，实际上是宗教的。他以为主观的伦理学，是属于宗教的阶段。真的伦理学是要在宗教的阶段里面才能筑成的。所以他认为在爱的生活里面有根于人类共同生活之人格开展。他以为我们要于伦理的要求之外更有其他的高尚的要求，这即是使自己的生活极度增高之要求。自己如为个个的小小的爱所束缚便不能澈底的开展。故必绝情爱之羁缚而使心与心相融合。但这种融合不能望之于人间，真的爱只在神之内有之，这便是这种要求所告诉我们的。于是两种要求开始冲突。

基尔克哥德认"重演"的概念，不是单属于伦理的。"重演"为实行的生活之特长，便是使可能性现实化。潜伏于内的观念实现于行为，迫切于心的要求实现于人格。此实现非必实现于外的行为，又所谓行为非必以肉体的运动为必须的条件，痛切的心的生活便是实现。所以"重演"是在自己之内有深的沉潜锐的集中之意。真正的"重演"便是永远性。约百（Hiob 旧约全书约百纪中之人物）的生活便是重演。他的沉潜和集中使他的信仰实现。他是把理想的自己最能圆满实现之人。重演是当决意之际才出现的。此时浮动于生活表面之知识与感情都被能动的把捉而走向真生活。但决意是可活动及尚未活动之力，是可能的行为，如将此变成活动，变成现实的行为，又须重演。此行为不可不为继续的，支持继续的东西便是"重演"。

"重演"如表现于伦理的生活又将何如？重演为美的与伦理的一个重要的界限。美的乃是将情调与印象不绝的变为新的东西。那些抹杀美的原理仅导入持续与重演于享乐的生活中者，一转瞬间便要感着幻灭与倦怠。正和与相爱的女子发生关系一转瞬间便要发见女子之丑恶、笨拙一样。但是在伦理的便不然。一度感到情爱便以重演而进行。心与心融合之要求就首先由决意而被能动的把捉。但仅是决意爱还不是充分伦理的。仅有决意之后尚能继续相爱的，此种事实并不多有。决意不过为融合心与心之可能性，在此处非再有"重演"不可。动爱之决意每实现为爱之行为。然爱非一时之行为所能完成，爱是需要永久的。爱的行为不可不为不绝的"重演"。在此"重演"之内始有爱的成长与人格的展开。

重演的爱可以比上约百的信仰生活。约百的信仰由不断的重演始实现。约百经过极悲惨的命运，但他虽在悲惨的命运中仍是赞美神。爱亦如是。爱亦由不断的重演始实现。不幸与障碍任如何对所爱之人加以压迫，但爱情还是不变更，不仅不变更，反因而增强。这种爱的生活可谓已经达到宗教的境地。这比爱恋更伴有一种的严肃的精神，比肉感性之享乐更伴有一种高尚的幸福。这种爱不是痛苦所能促其幻灭的，不是时间所能导入倦怠的。描写这样的爱，不是脱尔斯泰，乃是杜思妥夫斯基（Dostoevski）。这是在人间的爱的基础上面，还建筑一层高尚的爱。自己已经离了个人的爱而站在一个广大的深远的对象之前。已经绝了人情的羁绊而入于永远之生之域。这便是所谓宗教的生活。

（C）宗教的生活

要求生之意义，求生活之澈底，不可不要求宗教的阶段。但在此阶段欲谋充分表现，实是至难之业。向宗教的生活之推移，既已经伴着绝大的苦痛与激烈的斗争，而所谓宗教的生活，即在痛苦与斗争之内而成立。在此痛苦与斗争之内，欲享到至上的幸福，只有极刚强沉毅之人，才有可能。所谓极刚强沉毅之人，便是富于理想之情热、对于生有无限之执着、富有强烈的意力、具有极度的严肃与诚实之人。宗教的生活虽只有少数人能之，但并不因此而伤害生活之真实性。感到宗教的生活之重要之人，亦必立于"非此即彼"之前。宗教的与伦理的虽立于接近的地盘之上，但其中之"非此即彼"，仍不许和解妥协，仍有选择之必要。宗教的生活及起于宗教的生活之前之"非此即彼"，据基尔克哥德之说明，分前、中、后三期。前期为借阿伯拉罕（Abraham）及约百来说明"恐怖与战栗"及"重演"等之时代。此期人情生活尚不能全部禁断。中期为"哲学的追加书"之时代。是说明澈底的个人主义与人情生活之舍离。后期为突破以后之时代。此期所说之内容虽与中期无不同之处，但态度上大有差别，中期仅关系自己，后期则关系全人类生活。现在说明大略如后。

基尔克哥德为说明信仰生活，曾取阿伯拉罕做例子。阿伯拉罕是信神最笃的。他仅仅只有一个儿子叫以撒克（Isaak），是他最爱的儿子。但因为受神的命令，要把他的儿子作燔祭的牺牲品，他便决计把他的儿子杀死，以表示他对神的信心。但因为信心虔诚的缘故，结果以撒克又复回到阿伯拉罕怀中。基尔克哥德把这件事看作和自己的情形相同，他是为信仰之故而抛弃自己的爱人的。阿伯拉罕为抛弃所爱而得到高尚的生活，基尔克哥德亦复如是，也为抛弃所爱而得到高尚的生活。他们都是为使"自己"深刻化强烈化，故不顾一切的人情生活，而视宗教的义务比伦理的义务为尤重。以上的说明，可以代表前期的思想的大概。

基尔克哥德因当时浪漫派之倾向以恋爱结婚之问题为思索之焦点，而于社会国家民族之问题比较冷淡，因此他举"伦理的"特征，不仅注重恋爱结婚之问题，并兼及一般伦理的事实。譬如伦理生活绝对选择自己，但这个自己，固为个人的具体的自己，同时又为社会的市民的自己。不过这种伦理的意义，到了他的《哲学的断片》（*Abschliessende Unwissenschaftliche Nachschrift zu den philosphischen Brocken*）的时候遂完全变更。其原因乃由于"自己"之意义愈益明确。于是"自己"遂全为个人的，不复含有社会的倾向。他以为唯一的现实便是伦理的现实，而伦理的现实仅成立于主观性之内。主观与主观之间，无直接之关系。他人的内界在自身无从考察是否现实。伦理的考察只有自己方才可能。这里所说的"主观"，是最主观的同时却又是最客观的。因为人们很深沉的潜伏于主观之内，便愈得客观的真实。所以基尔克哥德所谓"伦理的"仅关系于个人的范围。这显然是"伦理的"意味上一个大变更。于是生活之对立，不是三之对立，不是美的、伦理的、宗教的三者相对立，而是二之对立，而是美的、知的与伦理的、宗教的二者相对立。伦理的与宗教的之名虽对立，但伦理的与宗教的之实并不对立。虽有伦理的与宗教的之区别，但不是相反的东西。伦理的要有宗教的才产生意义，宗教的便是完成伦理的东西。因此以后所用"伦理的"一语，完全成为"伦理宗教的"一种意义。

个人在基尔克哥德的伦理学上成为主要的概念。基尔克哥德以为对精神生活与以价值的仅在个人之内活动之时。只有个人才是现实。凡属非个人的的[1]东西都是没有生命的抽象。近代科学之倾向虽尊重民族的势力，但展开生的神秘，给与人类以潜力者仍就是个人的生活。基尔克哥德所以特别看重个人，完全是为自己深刻化强烈化，完全是为增进依属于绝对之力，于是方可突入于永远之生命。以上的说明，可以代表中期的思想的大概。

于是论到后期的思想。此期专叙述宗教的精进之生活与绝对皈依之生活。"自己"舍离相对的有限的方面，以与绝对无限之力合一，借此获得永远之真生命，是为宗教的要求。宗教的精进之生活乃本此要求以努力向上，渐进于解脱之生活。自然和绝对皈依之生活也有关系。不过其中有一相异之特征。基尔克哥德分宗教的生活为情热的与辩证的二者：前者为一般宗教的特质，后者为基督教的特质。而宗教的精进之生活则属于前者。宗教的精进之生活，因为是热情的，所以看重突然的变革。人类得由突变而变质，内生之事只有质的差异而无量的差异。生活之含有深度与真理，得将一切性质尽行变更。人们的性质是不定的，由最后之断然的飞跃所获得信仰之性质，得以生于神之内而为最高尚的东西，那些局于相对的有限的之人类的性质，根本与神绝缘。

绝对主义常为民众所不喜，故代表俗人意志之哲学者，必努力调停绝对的目的与相对的目的。去"非此即彼"（entweder - oder）而代以"亦此亦彼"（sowolil - als - auch）。这种人必以为解脱之故而把社会的活动与家庭的情爱看轻，是不健全的思

---

[1] 疑"的"字多余。——编者注

想。甚至认为加害国家，加钝于民族意识。并谓宗教虽可贵，但不可不求裨益于社会人道，和给与人类生活以调和与福利。求永久的祝福之心，决不与社会的及私人的活动相抵触。宁可在社会方面使人为公正的活动家，在私人方面使人益笃于情爱。这种论调大见流行，完全将绝对的目的与相对的目的置于平等的地位之上。这可以说完全抹杀自己的意义与自己和宇宙根本力合一之要求。

中代社会之僧院运动特盛，正和近代社会特重调和妥协一样。有许多人以为在宗教的精进之生活，僧院却是典型的东西。殊不知僧院生活之缺点，乃欲以绝对的内面性表现于特殊之外形，而此外形又不过是比别的外形仅为相对的变换的东西。不仅如此，宗教的生活不入僧院之人亦可以享受到，而已入僧院之人，未必了解宗教的生活之真义。因为入僧院不必有深的内面性。所以只要有无限性之情热，虽不入僧院，不着僧服，完全与普通人共同起居饮食，而可以得到真自我之生活。

宗教的精进之生活如何去实行呢？这只有一法，便是个人如同"为获得最高的东西而努力"一样，向着绝对的目的发生一种绝对的关系。即对绝对的目的为绝对的执着，对相对的目的为相对的执着，在此决不妥协。相对的是世间，绝对的是个人自身。相对的是肉体的生活，绝对的是自己最深的生活。此种生活绝对不能调和，如果调和便要发生困难。人们不能把有限的目的看作绝对的目的去执着，譬如今日有为国家为社会的福利或为恋爱而执着的人，这时国家、社会福利、恋爱等等在他认为是绝对的，但一旦发现"自己"，便立刻不是绝对的了，立刻变成幻影了。所以调停妥协，毕竟是空幻的。真正生活于"情热的"之人是向着绝对的目的而为绝对的执着。他的外生活虽是有限的，但他的生命不是有限的。他的外生活虽是裁判官，虽是工程师，虽是商人，但这于他的内生活毫无妨碍。他和一般人不同的便是不执着有限的东西，而要抓住一个绝对的自己。他自身虽生活于有限性之内，但他的生命已经不在有限性之内了。

虚荣、嫉妒、贪欲与其他一切现世的情热之苦恼，都由于个人对相对的目的而为绝对的执着而起。这是根本矛盾的。对相对的目的只有相对的执取之一法。相对的目的决不是人格的意欲之对象，决不能把它看作自己最深的生命。要如此看得明白，始能进一步作宗教的精进之生活，而个人的生活始能由此焕然一新，这便谓之变形。这是精进的生活之第一段。

以上说明解脱的要求，但尚不足以阐明精进之心理，现在再进一步论述宗教的苦恼。宗教的行为于苦恼而见。行为自然是含有外的行为的意义，但宗教的行为常为内面的。外的行为虽使个人变更，或为奴隶，或为贵族，但对于个人之"自己"与"内生"是不能变更的。这种行为便是美的情热。个人在外的虽有变化，但在内的却并无变化。存在的本来就不外是内面性。行为者之内面性即是苦恼。因为个人虽不能变更自身，但行为常以自己改造为目标。幸不幸这种事情常从美的人生观而出，与宗教的苦恼根本相异。精神不觉醒的状态——无反省的状态——意识分化不明了的状态之直接性，因为无矛盾之故，就觉得幸福，后来外面的矛盾逼迫起来，就觉得不幸，这都是无内面性之故。若苦恼则反此，苦恼是内生的最高之行为。

因此之故，内面性是把苦恼当作本质的东西而希求苦恼。直接性之人相信幸福，而宗教性之人则相信苦恼之内有生活。存在即苦恼，存在继续则苦恼亦继续。苦恼之现实性于其继续而见。偶然的苦恼是美的非宗教的。人如果在一切瞬间把持着绝对的目的便一切瞬间的生活都是苦恼的。苦恼并非表示生活之卑微，乃表示生活价值之高贵。若在美的生活则全反是，所以直接性之人不能说是本质的存在。个人之存在乃就生成之内而言，在生成之内要持有绝对的目的必须有苦恼。所以苦恼是吾人宗教的生存之征候。

宗教的苦恼更进一步则为罪恶（Schuld）的意识。这是由真求内生之人之存在与绝对的目的之关系直接所生之意识。本来罪恶的意识是存在之内之伟大的自己沉潜，同时为存在者力求解脱之表现。无罪恶的意识之人，感不到神的爱，正犹无苦恼的人感不到最高的精神生活一样。为欲获得自己之真生命，只有在自己否定与苦恼的基础上来建造自己之时，才有可能。这便是宗教的精进之生活之高义。

宗教的精进之生活主重在情热方面，绝对皈依之生活则主重在辩证方面。前者不一定为基督教的，后者则全然为基督教的。所谓情热的也不全然是非辩证的。情热的亦可说是"自己沉潜"之辩证。即是将自己沉潜由辩证的方法使之深刻化强烈化。即是将自己与神之关系由辩证的方法使之更加密切。宗教的精进之生活，其最高者即存于个人的自己之内，绝对皈依之生活，其最高者乃存于个人之外。前者为将自己升进到神之努力，后者为绝对的皈依于基督之情热。在皈依之生活中也含有精进之生活，所以绝对皈依基督之人也常表现着自己沉潜的痛苦与乎对社会冲突的危惧。关于皈依生活方面的话，因无甚要义，故不多述。

* * * * * *

以上关于基尔克哥德之三种生活，大体述竟。基尔克哥德以为生活总是依照着这样的阶段去发展的。不过他所提出的三段生活，并不足以概括一切生活，并且他所提出的某段生活之内容，也不必照他的那种说明，然而他自有他的精神所在，以后慢慢的讲明。

基尔克哥德以享乐之生活与艺术鉴赏之生活视为同一，这点颇有问题。享乐之生活诚哉只是官能的世界，然而艺术鉴赏之生活却并不以官能的世界为已足，它是另有一个世界的。例如我们鉴赏罗丹（Rodin）的素描画，在见了这张画的时候会发生一种不可名状心的战栗与紧张，这照感情移入之说说来，是在素描画所含的生命里面体验到自己的生命。然而在我们的内生所唤起的还不只是那些东西，我们当鉴赏素描画的时候，会感到一种巨大之力。在对象中除体验自己的生命以外，更有一种使自己的生升进到更高处的感觉。这时我们的心已经离了鉴赏的领域，而走入行为的领域。这在我们读脱尔斯泰及杜思妥夫斯基的小说的时候更容易感受到。这是由艺术所得的生命之高扬。然而这种生活，不能说不是美的生活。基尔克哥德标出美的生活，然而把这方面的话忽略过，仅执着享乐一面，这只是表示基尔克哥德美学知识之幼稚。真正的美的生活并不是那样说明的。

关于美的生活也难一概而论，每每随人格之高下，境遇之差别而生种种错综。有时美的全属于精神的，有时美的则全立于肉感性之上。又随各人见地之不同，同一对象或认为精神美或认为肉体美。实际说来，我们见到一个美的少女，固然在她的具有魔力的肉体上感到快乐，但我们同时在她的具有魔力的肉体上也感到生命之共鸣。肉感性之快乐不必一定伴有具体的性的兴奋。严密说来，也许后者才是美的。我们批评美的生活没有后者的经验，是不能说明肉感性的真实意义的。

这个问题要作一种严密的考察，非对于美意识加以深究不可。如果认内生、理想、行为等等为伦理的生活之神髓，则美的生活已早备具着这种神髓，根本用不着提出伦理的生活。基尔克哥德认美的生活只限于官能的世界、直接性的世界，当然不能不于女性之美自然之美以外，别求所谓伦理生活之美。然而事实并不是这样。美的生活里面比伦理生活里面所包含内生、理想、行为等等之意义更多，这才是美的生活的中心。基尔克哥德之说，在此点亦未便苟同。

基尔克哥德在《哲学的断片》上论到"美的"，常用"诗人"做代表者。原来他之所谓美学者是带有生活于美的之意味，带有美的生活知识之意味，与其说是 Ästhetiker，毋宁说是 Ästhet。可知他对于鉴赏者与创作者，美学者与美的生活者不一定能够区别出来。这种混乱是由于他的脑中满贮着美学者及美的生活者之德国浪漫派诗人的影像。那时浪漫派诗人都看轻现实生活，憧憬于诗美之宫与象牙之塔。对于辽远的过去的时代与异国的风土，都起一种强烈的执着的心情。认现前之生活为丑恶，而欲由空想使之诗化。又自诺伐利斯（Novalis）以后一派之浪漫诗人皆非常重视肉感性，以此为艺术之本质。基尔克哥德受了这些影响，所以对于艺术的态度全为浪漫派的。他之所谓美的生活者即浪漫派的诗人。这样把艺术看作放恣、荒淫、空想、肉感性的产物，固不失为一个美的生活者之见解，但如把这种观察当作自己的艺术观，那便是大错误。总之，基尔克哥德根本没有把 Ästhetiker 和 Ästhet 弄明白，所以对美的生活的看法完全不同。

其次是基尔克哥德论伦理的生活。基尔克哥德仅以亲子夫妇之爱，尤其是结婚生活为伦理的现象，其他皆不曾论及，这也是受了浪漫派诗人的恶影响。因为浪漫派诗人把恋爱和结婚当作主要的题材，他们所发表的只是些恋爱观和婚姻观。基尔克哥德受了这种影响，因此所论的伦理的生活只集中于此点。而对于其他许多的社会问题人生问题却都置而不论。即就此点而言，基尔克哥德的见解，也很平常，转不如论美的生活有许多议论澈底之处。尤其是从美的生活转到伦理的生活，也并没有提出如何要这样转移的重要意义。所以论伦理的生活之部并不见得比论美的生活之部如何有精采。在某点上说，或者论美的生活之处转容易促进一般人的自觉。

至于论宗教的生活，又似宗教的生活的真意义，全蕴蓄于伦理的生活之中，所谓"重演""个人"都是宗教的生活中之精义，然而都含蕴于伦理的概念之中。宗教的生活之本质，是要放在"行为"之上，并不放在直观与感情之上，然而伦理的生活，也正是同样的要求。至于论皈依的生活，其意义概不出寻常教理之外，更无从发见体验生活之特色。至于由伦理的生活转移到宗教的生活之进路，也不曾有确切的说明。这些都是他哲学上的最大缺憾。

然而基尔克哥德的哲学自有他的特色。他的哲学完全建筑在自己的真生活上面。他在论述美的生活、伦理的生活、宗教的生活之际，都是以自己的真生活为主题。他认捕捉生之意义与价值是哲学的唯一任务，更其是伦理学的唯一任务。他所提出的"绝望""自己选择""悔悟""普遍人""目的内在""爱之美""高尚的要求""重演""舍离""突变"这些要点，都是他哲学上独到的地方。与他的认识论、心理学是一贯而来的，正成就他的体验哲学的体系。所以他论述三种生活，尽管一任主观，然而不能说不是由他的体系而来，不能说他不是卓然自成为一个体系。

七、结 论

　　哲学者之人格比哲学的体系更伟大，这在基尔克哥德身上就可以找得一个例证。真正的创造者常潜伏于无数的相互矛盾争斗之性质之内。而一种强烈的统一的努力即活动于其中。潜伏于创造者之内之男性，能动的爱自然与人生，潜伏于创造者之内之女性，则为自然与人生所爱。创造者就是这样的变成了母亲，于是胎儿长成，母性也长成。一俟时机成熟，在剧烈的苦痛之后，而创造物遂由是而产出。一切哲学艺术之创作，都是如此。创造者怀妊而产生，被妊的东西，便是创造者之内的生活。潜于万物之奥底之力，同时即是作成创造者之人格之核心之力。不由这种力去受精的，决不能产生哲学和艺术。创造者本能的在无形之中用自己的血养育胎儿，他为产出创作不辞一切惨苦。他只用产出胎儿之本能打胜一切忧愁与绝望。迨既产出以后，他自身决不会自己灭亡。一切伟大的创造者之内，都有强健的母性住在里面。创造者是情妇同时又是贤母。所以不感到内奥之力，不经过一种剧烈的惨痛，是无法成妊而产出胎儿的。因此可知创作必须是用自己的血传出来的生物。那些为职业或为虚荣心的创作，不过是一种纤细手工。质言之，没有独创的一切学者与艺术家之努力，都不过是一种纤细手工而已。

基尔克哥德乃是一个强健的母性。他所以能够堪忍一切剧烈的忧愁与绝望，乃由于他富有对胎儿养育之母性之本能之故。因此他能产出创作，他是由不可抗之力驱使他以努力于创作的。这不可抗之力便是创造者之内相对立各种锐敏的性质。这些相对立的东西所激成的内部之战，足以定男性之价值。创造者之问题结果就归着到基尔克哥德如何去生活的问题。在伟大的创造者矛盾之苦与战特别强烈。《浮士德》所表现的是如此，《卡拉麦佐夫兄弟》所表现的是如此，《安那卡勒尼娜》(*Anna Karenina*) 所表现的是如此，《查拉图斯特拉》所表现的是如此，即《意志与表象之世界》所表现的亦莫不如此。易卜生的"非完全则宁无"，正与这里被称为易卜生之师之基尔克哥德之"非此即彼"，同为表现矛盾之苦与战的。可知创作之所以产生，决非偶然。矛盾之苦与战不特暗示思想，抑且暗示生活，暗示人格的统一。创造者之创作，成为生活之附庸。他决不为创作而思索而经验，他的生活的素描，便成为创作。基尔克哥德本身，便是一个显例。

基尔克哥德的思想相传为尼采之先驱者。他们都是个人主义的系统，又都重主观主义，又同有实用主义之倾向，又同攻击伪基督教，带有无神论者的精神。在人格之上、气分之上、态度之上，都有很相类似的地方。基尔克哥德从忧愁、绝望而发出一种生的欢喜、快活，从生之诅咒而发出一种生之热爱，这点亦和尼采遥相映照。尼采亦为起于北方之忧愁而崇尚南方之快活者，亦为尝尽孤独之悲惨而成为生之热爱者，这是因为他们二人所看重的都是本质的世界，自然不期于契合而自契合。然而二者之间，亦有一种重大之差异。尼采尊重自然科学，带有主我的倾向，基尔克哥德偏重宗教思想，带有没我的倾向。在某种意义说：尼采所攻击的，正是基尔克哥德这种人物，基尔克哥德所不慊于怀的正是尼采这种型范。不过这种差异，究竟于他们无伤。因为尼采的主我，并非庸俗浅薄的主我主义，《查拉图斯特拉这样说》里面就极力攻击这种庸俗浅薄的主我主义而主张反到本来的"自己"。所谓"自己肯定"，"自己"便像是宇宙的根本力一般，便是对于自己的使命而为没我的执着。又基尔克哥德方面虽主张没我，主张自己否定，也不过是对于那些妥协的自己肯定之生活之反语。他所谓自己否定，便是与一般调和妥协之生活绝缘，而令"自己"生活于绝对者之内。表面上是没我的，实际上却反是主我的。这样看来，他们二人的差异，骨子里却成为合一。他们都是对于自己的生活有一种责任感与严肃的精神的，所以有"精神合一"的一步。

　　基尔克哥德的思想足以代表北方斯干的那维亚的阴森的空气的特色。同时使我们不能不联想到的便是那威❶的易卜生与瑞典的斯特灵堡（Strindberg, 1849～1912）。他们的创作，虽然形式相异，可是人格的态度全同。他们生活的奥底，便是诚实与严肃。他们对付全生活只是用血与泪。总而言之，他们都是富于理想主义的情热的。斯特灵堡与基尔克哥德有许多暗相契合之处，斯特灵堡的前期的作品与基尔克哥德的美的生活的

七、结论

---

❶ "那威"，即"挪威"。——编者注

著作正相类似。斯特灵堡切实描写美的生活，但他并不以美的生活为满足与基尔克哥德的用意正同。又斯特灵堡之心理描写，其锐敏亦不下于基尔克哥德，且更有过之。其作品《债鬼》所表现之教师正与基尔克哥德所提出之诱惑者相似。但他并不以教师之生活为已足，结果不能不唤起心的生活之革命，而突入于宗教生活之阶段。他的宗教心遂贯注到他的全生活，这更其是与基尔克哥德相吻合之点。至于易卜生，则类似之处更多。可以说《布兰得》的模特儿便是基尔克哥德。《布兰得》的苦恼不安，和基尔克哥德所描写的伦理的生活之中断宗教的生活之苦恼不安正同。更其是他的《白尔基德》所描写的主题，与基尔克哥德所说的由美的生活到伦理的生活之人格开展，正相会通。由上所述，可知北方的天才，正自有一种共通的特质，这也可说是北方民族之特长。其最显然的是"生活之刚健"。

他们虽看重个人，却是极端攻击个人之享乐，而特重超越个人抓住一个伟大的中心作一切行为的对象。质言之，与其说是重个人毋宁说是重人类。他们对于女性问题特别紧张，自基尔克哥德以至易卜生、斯特灵堡莫不如是。这并不是把女性当作娱乐的对象，乃是当作诚实而严肃的生的问题的对象。他们认女性是具有一种不可抗之力，足以使吾人将全生活投入其中，然而女性并不是高贵的。女性只足以使男性堕落而弱减其高贵之特质，这在他三人的看法都是如此。因此便成为诚实而严肃的问题之中心。他们既以生活之刚健为其理想，故对于破坏生活之刚健之女性问题，更一毫不肯放松，这也许和北方民族之阴森气质有多少关系吧。这种看法，在尼采也是如此。因此女性问题成为重要的人生问题之一。

附

基尔克哥德研究参考书目

（A）基尔克哥德之著述

（基氏散著甚多，兹仅录德译全集。系 Hermann Gottsched 和 Christoph Schrempf 编辑，由 Eugen Diederich 发行）

1. Entweder – Oder.（Bd. I – II）.

2. Furcht und Zittern. Wiederholung.（Bd. III）.

3. Stadien.（Bd. IV）.

4. Der Begriff der Angst.（Bd. V）.

5. Philosophische Brocken. Abschliessende Nacbschrift.（Bd. VI – VII）.

6. Die Krankheit zum Tode.（Bd. VIII）.

7. Einuebung im Christentum.（Bd. IX）.

8. Der Gesichtspunkt.（Bd. X）.

9. ZurSelbstprüfung.（Bd. XI）.

10. Der Augenblick.（Bd. XII）.

(B) 关于基尔克哥德研究之参考书

1. Edv. Lehmann, Romantik og Kristendom, 1910.

2. O. P. Monrad, S. K.: Sien Leben und seine Werke, 1909.

3. W. Rudin, S. K.'s Person och foerfatterskab, 1880.

4. Chr. Jensen, S. K.'s religioese Udvikling, 1898.

5. Harold Höffding. S. K.: Ale Philosoph, 1902.

6. Harold Höffding, Danske Filosofer, 1910.

7. A. Bärthold, S. K.: Eine Verfasserexistenz einer Art, 1873.

8. A. Bärthold, Noten zu S. K.'s Lebensgeschichte, 1876.

9. A. Bärthold, Zur theol. Bedeutung S. K.'s 1880.

10. A. Bärthold, Was Christentun ist, 1884.

11. A. Bärthold, Die Wendung zur Wahrbeit. 1885.

12. A. Bärthold, S. K.'s Persönlichkeit in ihrer Verwirklichung der Ideale, 1886.

13. Chr. Schrempf, S. K.: Ein unfreier der Freibeit, 1907.

14. Chr. Schrempf. S. K. 1887.

15. GerhartNiedermeyer, S. K. and die Romantik, 1909.

16. Hans Reuter, Die rel. Philos. Gedanken S. K.'s im Verh. zum rel. Philoso. System Hegels, 1913.

17. Rudolf Kassner, S. K. (New Rundssbau. Mai, 1906).

18. G. Brandes, S. K.: Ein liter. Charakterbild, 1879.

19. Philipp Münch, Haupt, – und Grundgedanken der Pbiloso. S. K.'s, 1902.

20. Philipp Münch, Relative Absoluta, 1903.

21. Drachmann, Udvalgte Afhandlinger, 1911.

22. P. A. Heiberg, Bidrag til et psychol. Billede af S. K. 's Barndom og Ungdom. 1895.

23. P. A. Heiberg, Nogle Bidray til Enteu. Eiler's Tilblivelseshistorie, 1910.

24. P. A. Heiberg, En Episode i S. K. 's Ungdomsliv, 1912.

25. T. Bohlin, S. K. 's Leben und Werden, 1925.

26. T. Bohlin, K's dogmat. Anschauung in ihr. geschichtl. Zusammenhange. 1927.

27. Ed. Geismar, S. K. : Seine Lebensentwicklung a. s. Wirksamkeit als Schriftsteller, 1927.

28. J. Himmelstrup, K. 's Sokratesaufassung, 1927.

29. A. Vetter, Frömmigkeit als Leidensch, 1928.

30. Gemmer, Andreas u. Aug. Messor, S. K. u. Karl Barth, 1925.

31. Gilg, Arnold, S. K. 1926.

32. 和辻哲郎:《ゼェレソ・キェルゴクオル》1915年出版。